语文教科书
名著引读丛书

九年级（下）

围城引读

——湖北省教育科学研究院　组织编写——

长江出版传媒　长江文艺出版社

编 写 说 明

　　阅读是一个民族的核心文化行为。阅读的规模和质量是衡量一个民族和民众个体文明程度的重要指标。倡导全民阅读，发展全民阅读素养，对于提升国家民族和民众个体的生存力、发展力，具有重大的现实意义和长远的战略意义。

　　中学生群体是全民阅读的重要组成部分。中学生"读书少、不读书"已然是普遍存在的不可回避的事实。改革中学语文教学，特别是引导学生"好读书，多读书，读好书"，是社会诉诸语文教育的重大关切，也是全面提升学生语文素养的必由之路。

　　鉴于此，湖北省教育科学研究院组织编写《语文教科书名著引读丛书》（下称《丛书》）。该书由长江文艺出版社出版，供各地中学生选择使用。

　　《丛书》从中学生实际出发，引导学生读恰当的书。

　　依据《九年义务教育语文课程标准（2013版）》《高中语文课程标准（2017版）》，以及初中语文教科书"名著阅读"推荐篇目，

1

高中语文教科书"整本书阅读"确定篇目,《丛书》选定44部经典作品作为"引读"内容,其中初中阶段36部,高中阶段8部。根据不同阶段中学生实际,44部经典作品在各年级分秋季、春季推荐阅读,秋季、春季各安排22部作品。

推荐这44部经典作品,不是要求每位学生都读完,而是为了确保学生阅读的经典性和可选择性,帮助学生解决"读什么"的问题。44部作品分为人文社科、文学、自然科学和艺术等几种类别,学生阅读这些作品,有助于加强中华优秀传统文化、革命文化和社会主义先进文化教育,提升科学素养,开阔国际视野,进一步增强语文综合素质。

《丛书》着力于为学生"引读",引导学生恰当地读书。

《丛书》一方面呈现完备的作品原著文本,目的是追求真实的完整的学生名著阅读过程。同时,《丛书》立足于教师指导下的学生自主阅读,在学生"读前""读中""读后"给予了一些必要的实时的阅读指导。

【走近名著】从背景或作品的精要精华入手介绍作品,目的是帮助学生初步了解作品,激发学生阅读兴趣。【阅读建议】包括"阅读规划建议""阅读方法建议""研讨交流建议"。"阅读规划建议"主要是就阅读内容和时间的安排为学生提供多种建议供学生选择。"阅读方法建议"依据作品体裁、内容实际就阅读方法进行具体指导,目的是引导学生完成充实的有效的自主阅读过程。"研讨交流建议"

一是提供若干阅读作品的研讨专题，供学生自主选择探究学习；二是给学生提供一些恰当的探究活动建议以及探究过程中应注意的问题，帮助学生形成并交流探究成果。【阅读分享】提供了"名师品读""同学品读"方面的范例，并就"我的分享"在内容和方式方面提出相应的建议，目的是提示学生应该有分享，如何去分享。

需要特别指出的是，《丛书》在每部作品的部分章节设置有"引读"区域。"引读"区域一般是能体现作品结构特点的，与作品主要人物、主题关联密切的，最能体现作品写作特色、语言艺术的部分章节。一部作品选多少内容设置"引读"由作品实际确定。"引读"的内容，或提示本章节（回）在作品中的结构功能，或就作品的关键处作必要的解释、提示或点拨，或在作品的精彩处呈现精要赏析以激发学生的阅读体验；或就具体的语段、词句对学生提出自主旁批的要求……我们对经典作品心存敬畏，我们不是向学生阐释经典，不是把我们读出的结论呈现给学生，我们只是引导学生用自己的方式阅读经典，拥抱经典。

参加《丛书》研制的同志均是一线教研人员和学校教师。他们一方面扎进经典作品的文本世界，在一路的寻美探美历程中捡拾丰富的作品宝藏；另一方面又置身于学生的阅读过程，体察学生的阅读欢欣和困惑，尽力满足学生的经典阅读期待。他们致力于在经典作品与学生阅读之间铺路搭桥，希冀引导学生走上一条有效的愉悦的经典阅读学习之路。这套《丛书》就是这样的一座桥，就是这样的一条路。

尽管我们很努力，很审慎，书中自然还免不了出现错漏或不妥之处。若如是，敬请同志们、老师们、同学们批评指正！

《语文教科书名著引读丛书》编委会

2020 年 5 月

目录
CONTENTS

名师引读

有这样一部小说——

它内涵充盈，理胜于情，是小说中的宋诗；

它被称为"新《儒林外史》"；

它是文学评论家夏志清眼中"中国现代文学史中写得最有趣、最细腻的小说，或许是最伟大的小说"；

它不到两年时间就出了三版，一再重版仍供不应求；

它被拍成电视剧，通过荧屏走进千家万户；

……

它就是有着"交谈不说《围城》记，纵读诗书也枉然"之誉的《围城》。

《围城》写于1944年至1946年间，以主人公方鸿渐从上海到内地省份，最终又回到上海的人生旅程为基本情节，展现了主人公留学、恋爱、求职、婚姻等人生过程。

《围城》确实是一部有趣的小说，请看——

一、鲜活而典型的人物

赵辛楣——有智慧、有本领、有情义、有情趣，却看似世故……

方鸿渐——正直善良，聪明幽默，但意志薄弱，优柔寡断，既缺乏明确坚定的人生信念，又不懂得人情世故。他具有双重人格，有着对封建文化的绝望，也有着对古老文化的沿袭，既有着一颗崇洋媚外空虚的心，也有对西洋文化的鄙夷。总之，他性格里充斥着难以调和的矛盾元素，也是具有广泛代表性的时代产儿。

孙柔嘉——柔顺之下却暗藏心机。具备贤妻良母的素质，同时也是受过教育的知识女性和能够自食其力的新时代女性，敢于追求属于自己的幸福。然而，她却不幸，这种不幸，源于将自己的满腔热情倾注给了错误的对象，更甚的是俘获这个对象的方法，注定了她最终婚姻的失败。

鲍小姐——行为放浪但敢于追求自我。

苏文纨——矜持自负却虚伪俗气。

唐晓芙——真诚单纯却缺乏果敢。

《围城》里的人物，各有其相，各有其性，每个人在自己的或者他人的世界里矛盾着、纠结着，鲜活地存在着。读完这本书后，你会惊奇于这些人物好像似曾相识——就是自己抑或是身边的某个人。

二、幽默而辛辣的语言

　　讥讽高松年爬上校长位子后就本性暴露，这样写——"一个人的缺点正像猴子的尾巴，猴子蹲在地面的时候，尾巴是看不见的，直到它向树上爬，就把后部供给大众瞻仰，可是这红臀长尾巴是本来就有并非地位爬高的新标识。"

　　表达文凭的作用，这样写——"这一张文凭仿佛有亚当夏娃下身那片树叶的功用，可以遮羞包丑；小小一张方纸能把一个人的空疏愚笨寡陋都掩盖起来。"

　　描述喝多了酒，这样写——"本来敬一杯，鸿渐只需要喝一两口，现在罚一杯，鸿渐自知理屈，挨了下去，渐渐觉得另有一个自己离开了身子在说话。"

评价衣服穿得少，这样写——"有人叫她'熟食铺子'，因为只有熟食店会把那许多颜色暖热的肉公开陈列；又有人叫她'真理'，因为据说'真理是赤裸裸的'。鲍小姐并未一丝不挂，所以他们修正为'局部的真理'。"

……

讽刺是《围城》的一大特色，用的方法有比喻、用典、比较、推理等。给读者的感觉往往是这样：阅读时忍俊不禁，回味时才发觉道理深刻。

三、有趣而巧合的情节

方鸿渐镀金回乡，声名大噪，被邀请演讲，因错穿了弟弟的衣服，弄丢了好不容易凑足字数的演讲稿，后来只好胡编乱造一通，听众哗然，丢人现眼；方鸿渐写信要解除指定的婚约，不想被老头子一顿痛骂，从此死心，谁料未婚妻因病去世，方鸿渐还得到岳父的资助，得以留学；方鸿渐与唐晓芙决裂时，双方均有不舍，可是唐晓芙打电话给方鸿渐时，方鸿渐误认为是苏文纨所打，大骂一通，唐晓芙万念俱灰，导致两人彻底分手；赵辛楣本是想把方鸿渐推荐到三闾大学，让方鸿渐远离苏文纨，以便自己得到苏文纨，却不想后来帮助方解决了工作问题……真是"无巧不成书"，但每一个巧合都让人感觉顺理成章，又推动了情节的发展！

四、形散而神聚的结构

《围城》是钱钟书"锱铢积累"而成，没有明显的故事线索，主要以主人公方鸿渐的爱情为主线，其他的人物和情节是随着主人公的经历来安排的。这种看似随意的结构安排，恰是真实的人生。现实的人生本就没有彩排，每个人都是自己生命的主角，谁是生命的过客，何时登场、何时退场，没有逻辑、没有预设，随缘又随机。这是人生，也是现实。

五、深邃而悠长的意蕴

《围城》不仅仅是一部爱情小说，表面看"围城"之书名来源于法国谚语，将婚姻比作"被困的城堡"，"城外的人想冲进去，城

里的人想逃出来"，通过人物对话揭示婚恋中人们复杂的、矛盾的心态——没结婚的人想进入婚姻殿堂，结了婚的人又想逃离婚姻束缚；实际上在整部小说中，作者将这种心态扩展到人生万物，包括人生的各个方面，阐释生活，给人启迪。

主人公方鸿渐就经历了法国邮轮之人生围城、三闾大学之事业围城、与孙柔嘉结合之婚姻围城、假博士学位之文凭围城，在每座城池中的突围均以失败告终。人们就这样在"一无可进的进口，一无可去的去处"的人生困厄中，奋进着、退缩着、矛盾着、纠结着。仔细想想，现实的人生何尝不是如此呢？

作者用幽默的语言、深刻的哲理，巧妙的比喻，对二十世纪三四十年代国统区的国政时弊和众生相进行抨击，对上海洋化商埠的腐败堕落、内地农村的落后闭塞，对教育界、知识界的腐败现象进行了讽刺。可谓用心良苦！

六、睿智而传奇的作者

《围城》的作者钱钟书（1910—1998），原名仰先，字哲良，后改名钟书，字默存，号槐聚，曾用笔名中书君，江苏无锡人，中国现代著名作家、文学研究家。他"平生淡泊，独钟情于书"。著有长篇小说《围城》，散文集《写在人生边上》，短篇小说集《人兽鬼》，学术著作方面主要有《谈艺录》《管锥编》《宋诗选注》《七缀集》等。特别是《管锥编》《七缀集》，确立了他"一代鸿儒""文化昆仑"的地位。

钱钟书博闻强识、学养深厚，是学贯中西的大师、才华横溢的文学家。他在文学、国学、比较文学、文化批评等领域的成就，被冠以"钱学"。基于此，时人给予他极高的评价：国学大师吴宓说他——"出类拔萃、卓尔不群，可与一代宗师陈寅恪比肩。"法国著名作家西蒙·莱斯评价——"如果把诺贝尔文学奖授予中国作家的话，只有钱钟书才能当之无愧。"一位外国记者说——"来到中国，我只有两个愿望：一是看看万里长城；二是见见钱钟书。"

同时，他为人痴气率真、特立独行、讲话坦直、能言善辩、恃才傲物、智慧幽默以及对世俗的笑骂与揶揄，最终使他成为一位充满传奇色彩的人物。

　　我们无缘近距离接触这样一位传奇人物，好在他将自己的智慧、幽默、博学、个性等都不同程度地付诸他的作品。

　　那就让我们带着这份好奇与敬仰，一起走进他的《围城》吧。

阅读
建议

一、阅读规划建议

在开始阅读之前，语文老师可能有一些阅读这部作品的指导性意见或阅读方法。但是，阅读时间的长短，阅读时间的安排，阅读地点和方式的选择，同学们应该可以根据自己的实际情况来决定。当然，安排要尽量具体，具有可行性。有合理的安排之后，可以跟老师交流一下自己的阅读计划，再听听老师的意见，做适当的调整。

下面的阅读建议只是供同学们参考。

（一）用4周时间完成阅读过程（阅读过程包括阅读文本和阅读交流两个环节）

《围城》共21万余字,由九章组成,阅读过程可作如下具体安排:

第一周：阅读第一、二、三章

第二周：阅读第四、五、六章

第三周：阅读第七、八、九章

第四周：准备"研讨专题"内容，完成阅读交流过程。

（二）自由安排，用一个月时间完成阅读过程

前 25 天完成整本书九章内容的阅读，后面的时间准备"研讨专题"内容，并完成阅读交流。

（特别提示："前 25 天完成整本书九章内容的阅读"是一个总的阅读任务，同学们可以根据实际情况自主安排，没有硬性规定一天到底读几页或几章。因为有的章节篇幅比较短，有的篇幅比较长；有时家庭作业多，有时少。这就需要大家依据实际情况来定，充分利用课堂上的阅读课和课余时间，做合理的安排，适时调整，但是，必须保证每天要有一定的阅读量，并且能按时完成阅读任务。）

（三）"6 + 3"阅读文本，再用一周时间完成研讨交流

"6"是指三个星期的 6 个周末，"3"是指三个星期的每周一节阅读课（如果班级设置专门的阅读课，就可以利用这个时间来阅读这部小说；如果没有，那就自己在一个星期中拿一个小时出来，专门阅读这部小说）。

阅读这部小说历时三周，第四周针对"研讨专题"进行交流准备并完成阅读交流，完成整个阅读过程用时一个月。

二、阅读方法建议

阅读方法多种多样，阅读目的不同、兴趣点不同，选择的阅读方法也有所不同。就《围城》这部小说，建议同学们可以尝试下面的方法完成阅读过程。

（一）精读和跳读并举

精读和跳读，是两种非常重要的阅读方法。依据自己的阅读兴趣和阅读目的，我们阅读一本书，有的内容应该精读，有的内容可以跳读。

精读意味着在阅读过程中要字斟句酌、细读精思：一是要仔细读，反复读，并且边读边做些标记或笔记，尽量丰富和强化自己的阅读感受；二是对阅读内容要有全面把握，透彻理解，尤其是要能捕捉到阅读内容的"感触点"，发现阅读内容的"美点"；三是在阅读过程中能有些分析、对比或者联想，让自己的阅读发现更加丰富，阅读体验更加真切。

精读就要做批注。古人云：不动笔墨不读书。批注式阅读是指在自主阅读时，对文章的语言进行感知，对文章的内容、层次、思想感情、表现手法、语言特色、精彩片段、重点语句，在思考、分析、比较归纳的基础上，用线条、符号或简洁的文字加以标注的读书方法。

那么，怎样进行批注呢？

1. 感受式批注：即记下阅读名著时的理解感受、困惑迷茫或者收集相关资料得来的收获。这种感受式的批注能帮助阅读者深入理解文本，把握文章主旨。

2. 点评式批注：即对名著内容或语言等各个角度写出自己或褒或贬的评价。这是个性化阅读的独特之处。

3. 联想式批注：即写下由名著内容而联想到的文外知识。一首诗、一个人或者一件事。让阅读者能够由此及彼地将知识迁移、拓展到文外。这种阅读方法有助于知识的迁移、信息的归类整合。

4. 赏析式批注：即选取自己喜欢的文段、句子或词语写出赏析类文字。

5. 疑问式批注：即写下自己在阅读名著时产生的疑问。

批注式读书法不但可以促进对书中内容的深入理解，也为阅读过程留下了痕迹，为日后的查阅提供了方便。

精读示例：

第二章的片段批注示例

周氏夫妇……忽然彼此做个眼色，似乎了解鸿渐的心理，异口同声骂效成道："你这孩子该打。……"鸿渐脸又泛红，效成骨朵了嘴，心里怨道："别装假！你有本领一辈子不娶老婆。"

批注："彼此做个眼色"，说明周氏夫妇大概已经猜到方鸿渐的文凭有猫腻，但还是顾及了方的面子。方鸿渐为欺骗而感到羞愧，可见他的善良和正直。

方鸿渐到房睡觉的时候，……（心想）下船不过六七个钟点，可是船上的一切已如隔世。……现在万里回乡，祖国的人海里，泡沫也没起一个——不，承那王主任吹嘘，自己也被吹成一个大肥皂泡，未破时五光十色，经不起人一搠就不知去向。

批注：比喻恰到好处。之前的方鸿渐，因为自己弄了一张假文凭而受到追捧，是一个五光十色的泡泡，而一经被人发现破绽，就会像"破了的肥皂泡"，颜面扫地，无地自容。

【尾批】上面这段文字是方鸿渐的假文凭引起岳父岳母怀疑之后，他们的表现和反应。作者用词新颖、准确，人物的心理活动把握得精准、细致。特别是选段最后的景物描写，运用了拟人、夸张、比喻等多种修辞手法，更衬托出方鸿渐内心的孤独、失落和无助。

跳读也是一种阅读方法。跳读是指跳过与阅读目的无关或自己不感兴趣的内容，也可以跳过某些不甚精彩的章节。跳读并不是不读，而是以一目十行、快速浏览的方式加快阅读速度，并在这个过程中捕捉自己感兴趣的内容进行精读。例如，《围城》的第五章很长，一共有三万六千多字。主要讲述了赵辛楣、方鸿渐、孙柔嘉、李梅亭、顾尔谦一行五人前往三闾大学的经过。作者在这一章里，主要是为下一章的情节发展，或者即将在三闾大学上演的闹剧储备新角色：三间大学未来的训导长李梅亭，副教授顾尔谦和青年助教孙柔嘉。旅途中，他们组成了一个临时的"小社会"。在这个"小社会"里，他们显现出了各自不同的性格特点。那么，我们在阅读本章开头，方鸿渐出行前，交通工具的选择，凤仪相送的所见，这些非重点的内容，都可以跳读过去；行程中，展现人物性格的对话、细节就要详细阅读，特别是写到孙柔嘉、李梅亭、顾尔谦的地方，要放慢速度读。

比如：

拉李先生那只大铁箱的车夫，载重路滑，下坡收脚不住，摔了一跤，车子翻了。李先生急得跳下自己坐的车，嚷："箱子给你摔坏了，"又骂那车夫是饭桶。车夫指着血淋淋的膝盖请他看，他才不说话。好容易打发了这车夫，叫到另一辆车。走到那顶藤条扎的长桥，大家都下车步行。那桥没有栏杆，两边向下塌，是瘦长的马鞍形。辛楣抢先上桥，走了两步，便缩回来，说腿都软了。车夫们笑他，鼓励他。顾先生道："让我走个样子给你们看。"从容不迫过了桥，站在桥堍，叫他们过来。李先生就抖擞精神，脱了眼镜，步步小心，到了那一头，叫："赵先生，快过来，不要怕。孙小姐，要不要我回来搀你过桥？"辛楣自从船上那一夜以后，对孙小姐疏远得很。这时候，他深恐济危扶困，做"叔叔"的责无旁贷，这侠骨柔肠的好差使让给鸿渐罢，便提心吊胆地先过去了。鸿渐知道辛楣的用意，急得暗骂自己胆小，搀她怕反而误事，只好对孙小姐苦笑道："只剩下咱们两个胆子小的人了。"孙小姐道："方先生怕么？我倒不在乎。要不要我走在前面？你跟着我走，免得你望出去，空荡荡地，愈觉得这桥走不完，胆子愈小。"

仔细阅读这段内容，品味人物的对话、心理、动作、神态，可以看出，李梅亭的冷漠、自私、无情，顾尔谦的幸灾乐祸、冷酷无情，孙柔嘉细心体贴、善于洞察人性的特点。这些地方的描写，对后面人物形象的完整塑造，打下了基础；也为我们更深刻地理解人物性格和命运作好了铺垫。

什么时候精读，什么时候跳读，这应该是因人而异的。建议同学们在开始阅读前先看看后面的【研讨交流】内容，这也许对你确定自己的阅读重点、选择自己的阅读方法有帮助。

（二）积累和表达并举

积累就是将书中优美或有哲理的语句、精彩的细节描写等记录下来，最终为我所用。表达就是将自己的感悟用语言或文字表达出来，让我们的阅读更深刻。要写读后感悟必须再读文本，"旧书不厌百回读，熟读深思子自知"。其实每读完一本书，我们都应该写下自己的感悟，这样才能让每一本书真正发挥作用，成为我们成长旅途中的路灯。

下面介绍几种做读书笔记的方法：

1. 摘录式读书笔记

摘录式读书笔记，是在读书时把相关语句、段落等按原文准确无误地抄录下来。要注明出处，包括题目、页码等，便于引用和核实。摘录的内容当然是有选择的，以自己的阅读兴趣或阅读目的作为摘录标准。

2. 心得式读书笔记

在阅读过程中或完成作品阅读之后，读者及时写出自己的某些认识、感想、体会以及得到的某些启发等，这一类的记录都可称之为心得式读书笔记。就同学们而言，常见的心得式读书笔记有"读书随记"和"读后感"。

下面的精读示例同学们在阅读《围城》时可以借鉴。

示例：

《围城》读书随记

佚名

对苏文纨小姐的爱情观，小说这样描述：那时的苏小姐把自己的爱情看得太名贵了，不肯随便施与。现在呢，宛如做好了衣服，舍不得穿，锁在箱子里，过一两年忽然发现这件衣服的样子和花色都不时髦了，有些自怅自悔。

这段话似乎放在现在这个社会依然具有现实性，现在很多女孩子对于爱情不是如此吗？年轻貌美时，以高冷的姿态、完美的标准要求追求者，对方越是追求，她便越是刁难；越是在意，她便越是挑剔。可是，随着年龄的增长，可选择的范围越来越小，资源越来越少，就开始后悔不已。

　　但是，婚姻还是以爱为前提才好。不知道被誉为才女的苏文纨小姐到底是以怎样的心态嫁给曹元朗的。是为了跟方鸿渐赌气，还是在逃避被拒绝的爱情呢？她既不是为爱结婚，当然也不是媒妁之言，抑或是为了便于"控制"，我们无从知道，只是结果如此——她选择了所有人都认为的她最不值得嫁的人。尽管她有"希望赵辛楣一直等着她"的贪婪，但显然在最清醒的赵辛楣面前，苏文纨的奢望是不可能实现的，所以，她的婚姻注定成为她的围城，是自己的冲动和鲁莽而筑的围城。我们可以理解爱的人不爱自己的痛苦，但是自己一定要懂得爱自己，只有爱自己，才有能力爱身边的人，赌气的结果，就是把无辜的人和自己关在一个围城里，毁掉彼此的人生。

（选自《〈围城〉随感》，选入时文字稍有改动）

（三）组团阅读

　　顾名思义，组团阅读，就是由若干个同学组成一个阅读小团队，在阅读过程中相互通报阅读进度，互相交流自己的阅读发现和阅读体会，在这种互学互促的氛围中每个同学都能很愉悦、很实在地完成整本书的阅读过程。

阅读小团队的形成，既可以是同学们的自主组合，也可以在老师指导下组合编队；既可以是阅读兴趣趋同的同学联合组队，也可以是由阅读兴趣不同的同学混合组队。

建议同学们自制一份类似下面的《阅读进度表》。有了这份表，同学们可以及时记录自己的阅读进度，还可以及时简要记录自己的阅读发现（例如："原文中'两条平行的直线'，说明了方鸿渐与苏文纨的爱情终究不会有结果。""原文中'阳世的乐事，自己插不进'，'阳世的太阳，自己晒不到'，写得妙，把失恋写成具体的事物，看得见摸得着。""原文中'失恋、失业,方鸿渐你也真够倒霉的'"……）这样既可以保证自己实实在在完成阅读过程，同时也方便同学之间的交流。

阅读进度表

姓名：　　　　　　　　　　　　　阅读作品:《　　　　　　　》

时间	进度	简要记录
第一周		
第二周		
第三周		
第四周		

（你还可以建议制作一个班级阅读进度表，每个同学都可以在这份表上标明自己的阅读进度；或者建一个班级阅读群，每天在群里以发阅读语音、图片或视频的形式汇报阅读进度。这样全班同学就形成你追我赶的读书氛围啦！）

三、研讨交流建议

1. 研讨专题

读完了《围城》这部小说，相信同学们还意犹未尽。请同学们根据自己的兴趣，选择自己喜欢的专题（也可以自己另外设置专题），自己独立地或加入某个小组进行专题探究。

专题一：品读语言

《围城》里有很多幽默风趣而又富于哲理的语言，请选择一些你印象最深或者最有感悟的句子或段落，和大家一起分享。

要求：

（1）依据你的读书笔记（阅读标记），从小说中选择某处句子或段落朗诵给大家听。

（2）用自己的话说说喜欢这些句子的理由。

专题二：走近人物

《围城》里塑造了不少人物形象，有方鸿渐、赵辛楣、苏文纨、唐晓芙、孙柔嘉、李梅亭、高松年、汪处厚等等，他们共同构成了那个时代的集体群像。总有那么一个人物让你印象深刻，总有那么一个人物激发了你想要表达的欲望。请写一篇短文说说你对印象深刻的那个人物的看法。

要求：

（1）想象着"那个人物"就在你面前,你是在面对面跟他（她）说话。说话时用"你"称呼那个人物,如"方鸿渐,我想跟你说,你……"。

（2）能引用小说中的某些细节来表达你对这个人物的印象。

（3）尝试着说出你对这个人物或好恶、或同情、或憎恨等情感的理由。

专题三：讲述故事

这部小说没有波澜壮阔、气势恢宏、惊天动地、曲折迂回的情节故事,整部小说是由一个个看似平淡的故事组成的,但这些看似平淡的故事,很多让人印象深刻,试讲一个给你留下最深印象的小故事吧。

要求：

（1）尝试着像作者那样,将小说中的某个故事用幽默的语言讲给同学们听。

（2）这些故事也许激发了你的某些联想,你联想到生活中的什么故事了呢? 请确定一个,像作者那样幽默地讲给同学们听吧。

2. 交流建议

◎确定了自己的研讨专题后,同学们应根据研讨的需要回头浏览（跳读）小说中的相关内容，再对"定位"的内容进行精读，并做些必要的阅读记录。

◎根据自己的专题选择加入某个小组，小组间相互交流，形成自己的成果。

◎在小组内，在班上，将自己的成果大声说出来。还应该听听同学们、老师对你的成果的评说，明白自己好在哪里，需要改进的地方在哪里。

……

阅读评价表

下面是一份阅读评价表，同学们据此可以大致判断自己在本次阅读过程中的表现。

评价要素		分值	自评	互评	师评
阅读过程（60分）	阅读的主动性积极性	20分			
	阅读的深入程度（阅读记录的丰富性）	20分			
	阅读方法的运用	10分			
	阅读中与师生的交流	10分			

研讨交流 （40分）	专题探究准备充分	15分			
	有成果有质量	10分			
	各项交流展示积极	15分			
总体评价					

（说明："自评""互评""师评"用分数表示；"总体评价"用"总分＋评语"的方式表示。）

一、名师品读

选文一：

谈钱钟书的《围城》(节选)

郭志刚

长篇小说《围城》共分九章，大体可以划作四个单元。

由第一章至第四章是第一个单元，写方鸿渐在上海和家乡（江南某县）的生活情景，以写上海为主。在这个单元中，方鸿渐和苏文纨的"爱情"纠葛占了重要的分量。苏文纨的倾心相与和方鸿渐的另有所欢，使他们演出了不少半真半假、女真男假的滑稽戏。暴露了苏文纨官宦小姐矜持自负、自作多情、因而落得空对镜花水月的尴尬相，也暴露了方鸿渐纨绔子弟优柔寡断、不谙世事而又玩世不恭的浮华相。围绕着他们，作者还写了十里洋场社交生活的各种人物，在美国人花旗洋行里做买办、喜欢人们唤他 Jimmy 的张吉民；外表时髦、骨子里守旧的董斜川；"对雌雄性别，最有研究"的青年哲学家褚慎明；满肚子不老实、自我标榜是"新古典主义"的诗人曹元朗，以及暗中把方鸿渐当作情敌、枉费了心思的赵辛楣；甚至还有生得漂亮、头脑乖巧的唐晓芙等等，他们都在作者笔下显示了各自的性格和色相。他们宴饮会客、谈诗论文以及各种应酬交际是那样的内心空虚、百无聊赖以及庸俗不堪，这种生活不会培植健康的爱情,更不会培植健康的理想,本身就是一个有待冲破的"围城"。

第五章可以算作第二个单元，是"过渡性"或"衔接性"的。在这个单元中，在个人生活上分别吃了败仗的方鸿渐和赵辛楣，从"爱情"牢笼中冲了出来，他们由假想的情敌变为真正的挚友，共同到湖南平成三闾大学谋事。作者在这一单元里，还为下一单元的闹剧准备了新角色：三闾大学未来的训导长李梅亭，副教授顾尔谦和青年助教孙柔嘉。他们和方、赵结伴由沪启航南下，组成了一个临时的"小社会"。发生在这个"小社会"里的种种矛盾困扰和嬉戏调侃，以及沿途的所见所闻，构成了小说所描绘的现实主义画面十分精彩的一部分。

第六、七章是第三个单元，主要描写三闾大学里的明争暗斗。上自校长、训导长、各系主任，下至职员、学生，甚至还有家属，都卷入了一场令人头晕目眩的人事纠纷。职业上的排挤，情场上的竞争，堂而皇之的例行公事，见不得人的谣诼诽谤、阴谋诡计，一时间三闾大学成了竞相逐鹿的舞台。一些学者文士粉墨登场，他们之中有李梅亭那样满口仁义道德、满腹男盗女娼的半旧遗老，也有韩学愈那样外形木讷、内心龌龊、伪造学历、招摇撞骗的假洋博士；

有高松年那样道貌岸然、老奸巨猾，口称维护教育尊严其实却是酒色之徒的伪君子，也有汪处厚那样依附官僚、谋取职位、意在结党自固、终于自蹈覆辙的阿木林；有陆子潇、顾尔谦那样一心攀龙附凤、专事吹拍、浅薄猥琐的势利小人，也有范懿、汪太太那样虽然混迹学府却只在情场上显露头角、推波助澜的名门女士。总之，活跃在这"新儒林"里的各色人等，虽然用不着再把八股文当作敲门砖，却都扯起一面自认为是最漂亮的旗帜，将真面目掩盖起来，使出周身解数去追求新的晋身之阶，仿佛自然界的动物蒙上保护色，追求自身的生存一样。自然，他们之中也还有没耗尽两肩正气的某些较好的人物，如虽荒唐、孟浪，到底还有一些责任感的方鸿渐、赵辛楣，娇弱深沉、很有心计的孙柔嘉等等。这些人物，或像方鸿渐，不失为"可造之才"，或像赵辛楣，终究有一技之长，或像孙柔嘉，是思虑周密、深藏韬略的女中强者——他们在好的社会里，完全有可能发展为出类拔萃的人才，但在那些乌烟瘴气的环境里，由于缺乏明确的人生目标，倒像十九世纪俄罗斯文学中的"多余人"那样，让社会的惰力抵消掉了他们的聪明才智。

第八、九章是第四个单元。方鸿渐和孙柔嘉在返回上海途中结了婚。这对双方来说，都不能算作令人激动的结合，加以失业造成的对于前途的焦虑，使他们婚后不断发生争吵。这种争吵在返沪途中还较为单纯，定居上海后，由于双方家庭和亲族的介入，矛盾更复杂了：在婆媳、翁婿、妯娌、亲朋，乃至主仆之间，一度曾发生了一系列龃龉和纠纷。最后，方、孙的矛盾终因前者辞去报馆资料室主任而面临再次失业时激化了。方鸿渐刚刚建立起来的新家解体，他再次冲出一个"围城"，又来到一个"围城"的入口——他打算投奔在重庆当官的赵辛楣谋取职位，这肯定也是一条前途未卜的坎坷不平的道路。小说在一阵老式自鸣钟的"当、当……"声中结束。像过去一切杰出的现实主义作品一样，它没有提供什么关于社会和人生出路的明确结论，但他描写的生活本身，"深于一切语言，一切啼笑"。

（节选自《谈钱钟书的〈围城〉》，选入时文字稍有改动）

选文二：

《围城》的三层意蕴（节选）

温儒敏

钱钟书的《围城》是意蕴丰厚的长篇小说。其所表现的生活内涵，作者对社会、人生的思索及其独特构筑的"艺术世界"，并不是读者所能一目了然的，需要反复琢磨，深入体味。近十年来，我先后读过多遍《围城》，几乎每读一遍都有新的体验与发现。这部小说基本采用了写实的手法，总体结构却又是象征的，是很有"现代派"味道的寓意小说。其丰厚的意蕴，须用"剥竹笋"的读法，一层一层深入探究。我看起码有这么三个层面。

第一层，是比较浮面的，如该书出版序言中所说，是"写现代中国某一部分社会，某一类人物"。具体讲，就是对抗战时期古老中国城乡世态世相的描写，包括对内地农村原始、落后、闭塞状况的揭示，对教育界、知识界腐败现象的讽刺。

小说写方鸿渐、孙柔嘉等赴内地求职时长途旅行所见，有点类似欧洲的"流浪汉"体小说的写法，以人物的遭遇体验为线索，将闭塞乡镇中种种肮脏污秽都"倒弄"出来。其如"欧亚大旅社"的"蚤虱大会"，鹰潭小饭馆卖的风干肉上"载蠕载袅"的虫蛆等等，以嘲弄的笔触勾勒种种民风世俗，给人的印象至深。这些描写，并非猎奇，自然也都映现着当时的社会情状。

小说还用较多的篇幅写"三闾大学"的乌烟瘴气，校当局不择手段争官弄权，教职员拉帮结派尔虞我诈，鸿渐陷入乱麻一团的恩怨纠葛中左右不是，疲惫不堪。这简直不是什么学校，而是一口龌龊的"大酱缸"。这些描写也带揭露性，从教育界溃流的脓血来看社会的痛疽。

《围城》用大量的笔墨客观而尖刻地揭示出种种丑陋的世态世相，读者从中可以感受到四十年代中国社会生活的某些落后景致与沉滞的气氛。这个描写层面可称为"生活描写层面"。以往一些对于《围城》的评论，大都着眼于这一层面，肯定这部小说"反映"了特定时期社会生活矛盾，具有"认识"历史的价值。因而有的评论认为，《围城》的基本主题就是揭示抗战时期教育界的腐朽，批判站在时代大潮之外的知识分子的空虚、苦闷。这样归纳主题不能说错，因为《围城》

的"生活描写层面"的确带揭露性，有相当的认知价值；但这种"归纳"毕竟还是肤浅的，只触及小说意蕴的第一层面。

《围城》的第二个意蕴层面，即"文化反省层面"。

《围城》是从"反英雄"角度写知识分子主人公的，其"视点"在中国现代文学同类题材作品中显示出独特性：不只是揭露"新儒林"的弱点。或探求知识者的道路，而企图以写"新儒林"来对中国传统文化进行反省。作者的着眼点在于传统文化的批判，而且并非像五四以来许多作家所已经做过的那样，通过刻画旧式知识分子的形象去完成这种反省、批判，而是从"最新式"的文人，也就是主要通过对一批留学生或"高级"知识分子形象的塑造去实现这种反省与批判。

不妨对主人公做些重点分析。方鸿渐这个"新儒林"中的代表人物，在现代文学"凌烟阁"中占有特殊的位置。他那懦弱无能的品性，有点类似《北京人》中的善良"废物"曾文清，某些方面又和《家》中的"老好人"觉新近似：但钱钟书又比巴金或曹禺"理性"得多，对方鸿渐身上那些传统文化劣根的习染的批判也就凌厉断然得多，几乎不带什么惋惜。小说表现方鸿渐爱情婚姻问题时的那种优柔寡断，对于事业和人生的软弱被动和缺少进取，特别是已经成为他心理特征的慵懒虚浮，得过且过，打骨子里就是传统文化中的惰性所铸成的品格。方鸿渐虽然留过洋，在生活某些方式上和名分上很"新"，内里却又很"旧"，也可以说是"新旧杂拌"，"旧"的成分起主要作用。这是个满足矛盾的角色。小说写他一次又一次遭受生活的挫折，永远那样苦恼，那样没出息，这当然有时代社会方面的根源，但小说更着力显示于人们的，是他那种懦弱性格的文化根因。方鸿渐对于封建秩序已经感到绝望，这从小说所写的方与其父母、岳父母的精神冲突中可以看到，但他对传统文化中衰腐性还有许多留恋，或者说，传统文化铸就的他那种慵懒无能的性格，注定他只能当一个在现实社会中找不到位置，也不可能实现自己的价值的"多余的人"。小说写他这种本质上的"旧"势必对外来文化，对富于竞争进取的现代精神，产生一种本能的抵制。方鸿渐尽管在国外待了多年，追求的仍是封建纨绔子弟的慵懒的生活，顶多加上一些洋味的玩世荒唐的手段。小说以这样一个已经为传统文化衰腐性所销蚀掉活力的"生命的空壳"作为主人公，而这个"空壳"的外表居然又涂抹上许多洋味的时髦的色彩，其立意是很深的：读者大概会在中外文明的碰撞中来思考这样一位矛盾的角色，从而引发对传统文化深刻的反思。

方鸿渐毕竟是新旧交替时代的产物。《围城》既要对传统文化反省，就不能孤立地写方鸿渐的命运，而必须同时揭示他所处的特定的环境。在那个"新儒林"的世界里，历史上文人常引为骄傲的种种传统美德，诸如讲求气节，感时忧国等通通不见了，剩下的只有卑琐、庸俗、虚伪，全是传统文化的劣根在半殖民地土壤上新结出来的恶果。钱钟书着重解剖这诸多精神恶果的一种——"崇洋"。

如果一个民族有较为健全的心态，自然会积极寻求与先进的世界文明对话，从外国先进的经验中学习。但背着沉重的历史包袱近百年来又屡遭屈辱的老大中华，难得形成这种健全进取的社会心态，在与世界文明接触的过程中，就容易产生一种自卑的"崇洋"心态。《围城》对"新儒林"中"崇洋"心态的刻画，是非常辛辣的。读过此书的人大概都不会忘记那个为了显示"精通西学"，竟伪称自己俄国老婆为"美国小姐"的假博士韩学愈（名字都是"崇古"的）；靠骗取外国名人通信而充当世界知名哲学家的江湖骗子褚慎明；还有那个训起话来平均每分钟一句半"兄弟在英国的时候"的部视学等等，这些人物以"崇洋"来装阔的心理，与鲁迅笔下的阿 Q 是相通的。小说表面上是讽刺这些"崇洋"的心理行为，实际上却又还是在挖传统文明的劣根。

读者当然更不会忽视女主角孙柔嘉。对于方鸿渐来说，她是直接左右其生活道路的重要人物。作品一开头写她是那样柔弱、天真、温顺，"怕生得一句话也不敢讲"，真有一点某些西方人所艳羡的所谓"东方女性美"，可是与方鸿渐结婚以后，慢慢就磨炼成了另一副脾气面孔，变得专横、善妒、自私、刻薄，变着法子如何把握家政，制服男人。孙柔嘉虽是接受过高等教育的新式女子，可也还是摆脱不了传统文化束缚，有许多旧式女子的弱点。孙柔嘉也是一个"非英雄"，并非坏人，作者不过是把她作为"新儒林"中的那类旧的因袭沉重的女性来写的。小说写孙柔嘉性格的变化，也还是为了发掘她身上所蕴藏并起根本作用的传统文化的劣根。

这些五花八门的世态世相构成"新儒林"的生活图景。"新儒林"

中各色人物，其实都是古老文化受外来文明冲击而行将崩析的历史产物，是半殖民地文化土层上孳生起来的特殊的人群。

《围城》试图以对"新式"知识分子（特别是留学生群体）的心态刻画，来对传统文化进行反省，这正是作品的深刻所在。五四以来新小说写知识分子的很多，但《围城》无论角度还是立意都与一般新小说不同。在五四时期，新小说多表现知识者对新生的追求，人道主义旗帜下所高唱的是个性解放的赞歌，这些作品的主人公不再是儒雅文弱的传统文人，他们在气质上往往都有一种青春期的热情，所展示的姿态也几乎就是反传统的"英雄"。三十年代，"革命文学"中的知识者更是浮躁凌厉的"斗士"，尽管"政治化"使这些"英雄"的个性一般都显得空乏。到四十年代，特别是抗战之后，知识分子题材小说中的"英雄"色彩就淡多了，作家们开始比较冷静地回顾与探索他们所走的道路，作品普遍弥漫一种历史的沉重感。

《围城》是四十年代这种小说创作风气中所形成的凝重深刻的一部。它不止于探索知识者的道路，而要更深入去反省知识者身上所体现出来的民族传统文化的得失，或者说，通过知识者这一特殊的角度，从文化层次去把捉民族的精神危机。《围城》里面有的是机智的讽刺，而这些讽刺所引起的辣痛，无不牵动着读者的神经，逼使他们去思索、去寻找传统文化的弊病。在《阿Q正传》之后，像《围城》这样有深刻的文化反省意识的长篇小说并不多见。

那么，这部长篇为什么要以"围城"为题呢？读完这部小说，从这题旨入手反复琢磨作者的立意，我们也许就能越过上述两个层面的意蕴，进一步发现小说更深藏的含义——对人生对现代人命运富于哲理思考的含义，这就是作为作品第三层面的"哲理思考意蕴"。

《围城》的情节既不浪漫，也没有什么惊险刺激的场面，甚至可以说有点琐碎，并不像同时代其他长篇小说那样吸引人。这部小说的真正魅力似乎主要不在阅读过程，而在读完整本之后才产生。读完全书，再将主人公方鸿渐所有的经历简化一下，那无非就是：他不断地渴求冲出"围城"，然而冲出之后又总是落入另一座"围城"，就这样，出城，等于又进城，再出城，又再进城……永无止境。

回国的邮船与世隔绝，百无聊赖，自然如同"围城"。对方鸿渐来说，到了上海就应该是走出邮船这个"围城"，可是战时的上海实际上是一座"围城"，方鸿渐到上海之后失业无着，爱情又碰壁，这境况更如同"围城"，因此他才不惜历尽艰辛到内地，希望走出"围城"。内地"三闾大学"并不如他所设想的那样好，那里的钩心斗角的环境又使他重陷"围城"，于是他又渴求回上海，以摆脱"三闾大学"这座"围城"。重回上海后生活愈是困顿，方鸿渐又打算再次冲出上海这座"围城"去重庆……小说结束了，读者并不知道方鸿渐后来的情形，但依其生活的逻辑可以推见，他又进入另一座"围城"，而且他可能永远也摆脱不了"城"之困。

综观这部长篇的结构，如果要"归纳"出主人公的基本行动的"语法"，那就是，方鸿渐的行为：进城→出城→进城→出城……

这就是说，方鸿渐永远都不安分，永远都不满足，因而永远都苦恼，因为他总想摆脱困境，却处处都是困境，人生旅途中无处不是"围城"。

这一切对于这位懦弱的主人公来说，似乎始终是不自觉的，他完全处于一种盲目的状况，几乎是受某种本能的支配，或者更应该说，受"命运"的支配，永远在寻求走出"围城"，而事实上却是不断地从一座"围城"，进入另一座"围城"。这进进出出，是盲目的行为，而且终究都是"无用功"。

《围城》为什么要安排这样一个近似无聊的结构呢？

作总体分析，这结构带总体象征意味，寄寓着作者对人生更深的哲学思考，概括起来就是：人生处处是围城。作品象征地暗示于读者："城"外的人（局外人）总想冲进去，"城"里的人又总想逃出来，冲进逃出，永无止境。超越一点儿来看，无论冲进，逃出，都是无谓的，人生终究不可能达到自己原来的意愿，往往是你要的得不到，得到的又终非你所要的。人生就是这么一个可怜的"寻梦"。

（选自《中国现代文学研究丛刊》1989 年第 1 期，选入时文字稍有改动）

选文三：

在人生的围城中演绎生活的精彩

——再读钱钟书先生的《围城》

解移生

多年前曾读过钱钟书先生写的《围城》。因时隔久远，印象所存无几。今年暑假期间，少了繁忙的教学工作，有了一点儿闲暇的时光，重新读了一遍《围城》。

《围城》的故事背景取材于抗战时期，描写了主人公方鸿渐的人生经历。方鸿渐懦弱、懒散、爱慕虚荣，留学几年换了三所大学，凭兴趣随意听了几门课，为了给家人一个交代，也为了遮羞包丑，从爱尔兰骗子手中买了张美国克莱登大学的哲学博士文凭。小说从方鸿渐留学归来的船上写起，他先是在船上与已订婚的鲍小姐厮混，回乡后应父亲老朋友省立中学吕校长之邀演讲出丑，后因战事缘故全家搬至上海，住在前岳父家中，寄人篱下，地位卑微，受苏文纨之邀与一帮文人谈诗论文受嘲讽，去三闾大学途中历尽艰难坎坷，来到三闾大学后受到轻慢排挤，重回上海后工作不顺，家庭生活不顺，与妻子孙柔嘉经常吵嘴，最终二人分道扬镳。可以说，方鸿渐的人生是不顺的，他被困在了人生的"围城"中。

《围城》写作的时代背景是抗战时期，但是追溯近代中国史，方鸿渐等一批知识分子是在东西方文化的碰撞中成长起来的。他们生活在旧中国一个混乱荒谬的病态社会中。社会环境造就了像他那样迷茫、落寞、卑琐的病态的知识分子。同时，方鸿渐个人的性格，也决定了他的人生处处不顺，他志大才疏，满腹牢骚，爱自吹自擂，对自己有很高的期望值，害怕失败，却又不愿去努力。这些导致了人物的悲剧命运。

"围城"取自于书中才女苏文纨的一句话："围在城中的人想突出去，城外的人想冲进来。婚姻也罢，事业也罢，人生大抵如此。"每个人的人生都似在一个围城之中，人永远逃不出这围城所给予的束缚和磨砺。

方鸿渐被困于感情的围城之中。他与苏文纨、唐晓芙、孙柔嘉陷入感情纠葛之中，他不爱苏文纨，但又不敢当面拒绝，对她唯唯诺诺，与她藕断丝连，接受她的一次次邀请与约会；他爱唐晓芙，却又不敢告诉她假文凭、前岳父等事，最终因苏文纨挑拨而分手；孙柔嘉并不吸引他，可是在他乡共事的一年里，方鸿渐难以抵抗孙柔嘉对他的依赖和信任，为了保全双方面子，最后一步步陷入工于心计的孙柔嘉的婚姻陷阱之中，自食婚姻苦果。

方鸿渐被困于事业的围城之中。三闾大学虽然地处湖南一个偏僻的乡下，但并非一方净土。校长高松年因不敢得罪次长，牺牲自己的好友李梅亭的中文系主任的位置，让次长伯父汪处厚做了中文系主任。但为了补偿好友，他以学校名义高价买了李梅亭的一箱西药。而对涉世不深、没什么身份背景的方鸿渐却大施手段，欺骗压榨，食言降其为副教授。方鸿渐课时不足，因刘东方和韩学愈矛盾斗争增加了几节英文课，后来由于没有答应与刘东方妹妹成婚而受其排挤，又因陆子潇追求孙柔嘉而她与自己订婚，被陆子潇怀恨，举报他收藏《共产主义论》而被三闾大学解聘。在三闾大学的一年教书生活，他领教了校长高松年的老奸巨猾，李梅亭的厚颜无耻，韩学愈的道貌岸然……这里充斥着尔虞我诈、明争暗斗，时刻让人感到压抑，令本性善良却怯懦的方渐鸿不堪忍受，最终选择了逃离。

方鸿渐被困于家庭的围城之中。方鸿渐曾说："我有时想，家里真跟三闾大学一样是个是非窝。假使我结婚了几年，然后到三闾大学去，也许训练有素，感觉灵敏些，不至于给人家暗算了。"当他带着孙柔嘉离开三闾大学回到家中时，父亲的顽固保守，妯娌之间的争斗，婆媳之间的矛盾，这一切让方鸿渐夹在家人与孙柔嘉之间两面受气，里外不是人。"行礼的时候，祭桌前铺了红毯，显然要鸿渐夫妇向空中过往祖先灵魂下跪。柔嘉直挺挺踏毯子，毫无下拜的趋势，鸿渐跟她并肩三鞠躬完事。旁观的人说不出心里惊骇和反对，阿丑嘴快，问父亲母亲道：'大伯伯大娘为什么不跪下去拜？'""方老太太道：'我十月怀胎养大了他，到现在娶了媳妇，受他们两个头都不该么？孙柔嘉就算不懂礼貌，老大应当教教她。我愈想愈气。'"

方鸿渐被困于婚姻的围城之中。他与孙柔嘉的婚姻生活本来就没有感情基础，加之孙柔嘉外表柔顺，实则工于心计，城府很深，他们因对双方家庭的不满而争吵，因工作的不顺心而争吵，因方鸿渐对朋友赵辛楣的依赖而争吵……长期陷入争吵、和解、再争吵、再和解的家庭漩涡，最终因伤痕累累而分离。

　　方鸿渐面对的是一个集父母封建思想、事业衰败、民族危难的多层复杂的社会大围城，让他无所适从。命运似乎被一只无形的大手掌控着，本就无才的他也只能屈服于命运的摆布，接受着朋友的施舍，"义无反顾"地踏入爱情陷阱，陷入事业低谷。这一切与方鸿渐的人物性格和社会大环境分不开。

　　读罢《围城》，除了让人感觉到社会的残酷无情、人间的世态炎凉之外，我们也深刻感受到大师的用语之精妙。书中妙语连珠、妙趣横生，于幽默诙谐之中极尽嘲讽。"这一张文凭，仿佛有亚当、夏娃下身那片树叶的功用，可以遮羞包丑，小小一方纸能把一个人的空疏寡陋、愚笨都遮羞起来。"这既是对方鸿渐买假文凭之事的辛辣嘲讽，又道出当时社会对文凭的那种病态追捧。"中国人丑得像造物者偷工减料的结果，潦草塞责的丑；西洋人丑得像造物者恶意的表现，存心跟脸上五官开玩笑，所以丑得有计划、有作用。"用对比手法尖锐地讽刺韩学愈洋太太的丑陋。"一切机关的首长上办公室，本来像隆冬的太阳或者一生里的好运气来得很迟，去得很早。"明面上是写方鸿渐离开三闾大学时校长高松年故意避而不见，实则讽刺了官僚主义的装腔作势，对工作不负责任、不遵守工作纪律。这些语言，既生动传神，活灵活现，又对人物进行了辛辣的嘲讽，给读者深刻的教诲和感悟，体现了作者的睿智，对生活深刻的见解和洞察能力令人拍案叫绝。

掩卷沉思，《围城》中值得我们欣赏的地方很多很多。其实，我们每个人又何尝不是生活在一座座"围城"中呢？只要我们每个人不被人生的"围城"所束缚，踏踏实实做好分内之事，相信机会总是垂青于有准备的人，自视清高或怨天尤人的人永远逃不出这"围城"所给予的束缚和磨砺。保持一颗积极的心去创造生活，就能在人生的"围城"中演绎生活的精彩。

（作者为湖北省大冶市灵乡镇中学老师，选入时文字稍有改动）

二、同学乐读

选文一：

闲谈《围城》

凡子

犹记得少年时如饥似渴地读过《围城》，当时只是凭着一股对文学的挚爱，将满腔激情投入到各种文学作品中。读完后，首先留在脑海中的就是满纸的生动形象的比喻，有真实的写景写物的形象比喻，也有抽象的思维和感觉用具体的物象来比喻。这些妙喻把作者的想象力发挥得淋漓尽致，对人物的刻画入木三分，让人忍不住咀嚼回味。感觉《围城》就是一部写作方面的教科书，也给了当时的我许多灵感。其次，就是主人公的爱情故事，令人唏嘘，也对方鸿渐产生了深刻的同情。

如今，《围城》是中学生课外名著阅读篇目，我再次品读，读完后不禁大声感叹：难怪大家都说这就是一部新的《儒林外史》啊！作者用幽默的语言、深刻的哲理、巧妙的比喻，对二十世纪三四十年代国统区的国政时弊和众生相进行抨击，对上海洋化商埠的腐败堕落、内地农村的落后闭塞，对教育界、知识界的腐败现象进行讽刺。别林斯基说："任何一个诗人也不能由于他自己和靠描写他自己而显得伟大，不论是描写他本身的痛苦，或者描写他本身的幸福。任何伟大的诗人之所以伟大，是因为他的痛苦和幸福的根子深深地生进了社会和历史的土壤里，因为他是社会、时代、人类的喉舌和代表。"就此而言，钱老无疑是伟大的，当然《围城》并不像鲁迅的作品那样像一把匕首，直接剖析社会弊端，而是比较温婉，在琐碎的片段式的叙述中让人深思，达到效果。

《围城》的魅力其实不仅仅如此，它能深入人心，引起读者共鸣的是文中塑造的一个个鲜活的人物形象，他们的生活是现实生活的写照，写出了不同的时代大多数人的生活特点，也让我们从中获得了许多的人生启迪。主人公方鸿渐是一个封建地主家的儿子，他正直善良，聪明幽默，却优柔寡断，缺乏明确坚定的人生信念，又不懂得人情世故，所以常常让自己陷入尴尬的境地，走入了求学的围城，爱情的围城，事业的围城，婚姻的围城。我们的生活不也一样吗？当代社会竞争激烈，读书的孩子在求学的围城里，每天想着如何得高分，获得父母和老师的认可，过着紧张忐忑的日子却总是事与愿违；工作的人在事业的围城里，希望得到老板的喜欢，追求更多的升职机会，渴望创造更多的价值，整天忙忙碌碌却可能一事无成，结果怨天尤人；成家的人在婚姻的围城里，带着对美好婚姻的渴望，却最终抵不过平淡的琐碎，婚姻成了爱情的坟墓，变得索然无味。我们就这样走入了一个又一个围城，难以突围。其实钱老在写《围城》的两年里也经历着许多困局：生活的困顿、时局的动荡。所以说，《围城》里的方鸿渐既是钱钟书的影子，又是现实中大多数人的影子。"里面的人想出去，外面的人想进来"也是一种普遍的现象。

"性格决定命运"，身处"围城"却可以有不同的结局。文中的方鸿渐注定是悲惨的。他想成为大人物，却在欧洲游学期间，不理学业。为了给家人一个交代，他在毕业前购买了虚构的"克莱登大学"的博士学位证书。这和我们那些空有理想而不努力学习只想着蒙混过关的同学何其相像！知道大人物是什么吗？就是一直不断努力的小人物。可惜方鸿渐不懂得这些。他夹在一群留学生中间，尽管他的博士学位是买的假冒货，可是他仍不知廉耻地自以为是高学历人物，这就是自欺欺人啊！如果他就这样厚颜无耻像韩学愈一样将撒谎进行到底，在那种社会他也不至于落得那般艰难落魄，偏偏他"说了谎，还要讲良心"，回国后怕别人提他的学位，在去大学任教时，不提自己的博士文凭，只当了个副教授。这是他正直善良的表现，可在那个病态的社会却是致命的弱点。说谎就说谎嘛，讲了良心这谎话就变得不伦不类了。他学习也好，撒谎也好，不都和站着喝酒而穿长衫的孔乙己一样吗？我们也只能"哀其不幸,怒其不争"了！在此，我们也看到了学历的重要，知识的重要！不管哪个时代，"知识改变命运"，而别人首先是从你的学历来认定你的知识掌握程度，所以，我们一定要脚踏实地争分夺秒地学习，做一个有真才实学的人，让学历成为体现我们能力的真实标志，让知识成为我们开门的武器！我想这也是作为知识分子的钱钟书想告诉我们的走出围城的方法。

对于感情，方鸿渐也是无所作为的：对于鲍小姐，他失败于无力抵抗；对于苏小姐，他失败于优柔寡断；对于唐小姐，他失败于无所行动；对于孙小姐，他失败于没有判断力。他喜欢唐晓芙，在两人之间出现问题时，不想办法解决，及时沟通，导致两人没有结果；他和孙柔嘉结婚后却不努力经营自己的婚姻，导致最后日子过得一团糟。这都是不努力不珍惜的结果。生活有白天，也有黑夜，我们不能选择，但我们能改变。努力争取，奋斗的人生才是幸福的人生！努力过后，即便无人鼓掌，也要优雅谢幕，感谢自己的付出，笑对人生！这样，即使身在围城中不能破城而出，也能开出一扇窗，让城里阳光遍布，开满鲜花，活出真我风采！

"有了门,我们可以出去；有了窗,我们可以不必出去。"既有门,又有窗，我们就能在生活的城里游刃有余，成为人生的赢家！这就是我读完《围城》的最大感想。钱老是睿智的，他的目光是犀利的，能洞察一切，所以成就了这部名作《围城》。

（本文是湖北省红安县第四中学学生作文，选入时文字稍有改动）

选文二：

七彩的围城，幸福的乐园
——《围城》读后感
王明

《围城》是钱钟书先生唯一的长篇小说，堪称中国现代小说中的经典，它也是一部让人回味无穷的奇书。在妙趣横生、妙喻迭出的幽默外表下，深藏着令过来人低回轻叹、黯然若失的哀情。因此，它是一部以用看似超然的调侃语调叙说人间无奈的笑面悲剧。

"围城"取自书中才女苏文纨的一句话：城中的人想出去，城外的人想冲进来。婚姻也好，事业也罢，整个生活都似在一个围城之中，而人则永远逃不出这围城所给予的束缚和磨砺。书中方鸿渐与苏文纨、唐晓芙、孙柔嘉的情感纠葛，每每因自己的懦弱不敢多言，言不由衷，甚至一步步陷入工于心计的孙柔嘉的婚姻陷阱之中，最后自食婚姻苦果。似乎所有的一切都被一只无情的大手掌控着，本就无能的方鸿渐也只能屈服于这只手，逆来顺受地接受朋友的施舍，"义无反顾"地踏入爱情陷阱、事业低谷。

整本书中，除了他对唐小姐的感情追求一事上，尚显出一些他试图改变命运的念头外，其余的，都只是徒劳的思想斗争和软弱的行为罢了。所以，在全书的结束部分，方鸿渐在经历了教育、爱情、事业和婚姻的失败后，这样感叹：在小乡镇时，他怕人家倾轧，到了大都市，他又恨人家冷淡，倒觉得倾轧还是瞧得起自己的表示。就是条微生虫，也沾沾自喜，希望有人搁它在显微镜下放大了看的。拥挤里的孤寂，热闹里的凄凉，使他像许多住在这孤岛上的人，心灵也仿佛一个无可依傍的孤岛。

生活本就是一座围城，不论是婚姻还是事业，发展与落后，成功与失败，都只是这座七彩城中的一种颜色，每一个人每一件事都只是城中特有的元素而已。但当一切人和事都因努力和乐观而美好，当城中的颜色都变得和谐均匀时，那么，这座城就不再是一种可怕的束缚和压力，而变成了一个幸福的乐园。

也许生活不会像想象中那样一帆风顺，但命运是掌握在自己手里的，只要敢于拼搏，敢于奋斗，敢于对压力发出挑战，我相信，你人生的轨迹一定会是美好的！

（作者为湖北黄冈一中学生，选入时文字稍有改动）

选文三：

冷若冰霜，艳若桃花

——《围城》读后感

吴名

"冷若冰霜，艳若桃花"本是小说《围城》中一句对人物苏文纨的评价，但在我看来，这不仅仅是对苏小姐的评价，更是本书的灵魂所在。

苏小姐如此，书中其他人物又何尝不是如此。甚至书中所述的"围城"也逃不开这八字的短评。

"围城"看上去冷若冰霜，然而当人们真正品味其中，又何尝不能感受到艳若桃花？方鸿渐终了一事无成，似乎命运于他冷若冰霜，然而若他在人生任何一处改变态度和做法，谁又能说他的命运不会变得艳若桃花呢？

鲁迅先生曾说，世上本没路，走的人多了也便成了路。围城，大抵也是如此。世上本没有围城，被困住的人多了也便成了围城。或者可以这么说，围城，不过是各人加诸自己或他人的枷锁。

《围城》一书以方鸿渐的生活为主线，讲述他如何一步步走向围城，一步步将命途趋向冰霜般的寒冷境地。诚然，于他而言，围城本就存在，但从他最初出国求学不成而弄虚作假开始，便一步步踏进城中。结果，本可以如桃花般艳美的城，终在他的软弱与怯懦下冰封千里。

曾有人这样说："一个人的记忆就是座城市，时间腐蚀着一切建筑，把高楼和道路全部沙化。如果不往前走，终会被沙子掩埋。所以，我们泪流满面，步步回头，可是只能往前走。"沙城，就是一个人的记忆；记忆，也可能变成一个人的围城。

偶尔可以梦回沙城，那些建筑依旧精美，即使它变成围城，它也依旧美好，艳若桃花，但那仅仅限于回忆，当我们沉溺其中，整座城市便会开始崩溃，把所有美好通通埋葬，只余冷若冰霜的围城。

我们没有力量改变世界，但我们至少可以改变自己。尽管我们无法强大到拒绝走入围城，但我们至少可以令围城宛如桃源般优美，而非千里冰原般寒冷。

书中的方鸿渐，其实很可怜，然而可怜人必有可恨之处，他本有那么多机会走出冰冷的围城，给自己一个艳美温暖的王国，可他都一一放过。

无论是情感，抑或是生活，当断则断。只有果断地作出抉择，才不会令记忆的沙城变成冷若冰霜的围城。

所以，命运的围城，究竟会冷若冰霜，还是会艳若桃花，选择权永远都在我们自己手里。

（作者为湖南长沙一中学生，选入时文字稍有改动）

精华选读

节选一

以下精华句子节选自小说第一章，主要是以插叙的方式交代了主人公方鸿渐的家庭背景、欧洲留学的原因、获得博士学位的方式等。封建传统的家庭氛围与西洋文化的教育影响、有名无实的婚姻、以假为真的文凭，是不是为方鸿渐的人生围城埋下了伏笔呢？（原文见《围城》第7～10页〔三联书店2002年5月出版，后文节选同此书。——编者注〕。）

……他虽然现在二十七岁，早订过婚，却没有恋爱训练。<u>父亲是前清举人，在本乡江南一个小县里做大绅士。</u>

批注：介绍方鸿渐的家庭背景。

……<u>鸿渐还在高中读书，随家里作主订了婚。未婚妻并没见面，只瞻仰过一张半身照相，也漠不关心。</u>

批注：方鸿渐在高中时就因家里"攀"的缘故，被传统包办婚姻束缚，两人虽有婚约，然无感情。"瞻仰"大词小用，幽默地道出了方鸿渐对周小姐敬而不亲的心情。

……信上说什么："迩来触绪善感，欢寡愁殷，怀抱剧有秋气。每揽镜自照，神寒形削，清癯非寿者相。窃恐我躬不阅，周女士或将贻误终身。……"

批注：方鸿渐给父亲的去信，用夸张的手法，塑造了自己郁郁寡欢的可怜形象；用语酸腐，小心谨慎，表现了他内心的怯懦和彷徨，心大胆小。

……谁知道父亲快信来痛骂一顿："吾不惜重资，命汝千里负笈，汝埋头攻读之不暇，而有余闲照镜耶？……细思吾言，慎之切切！"

批注：方父的回信显现出其不容置疑的家长权威，专制、守旧，又具有敏锐的警觉性。完全不理会儿子的恐吓和请求，真是知子莫如父。

……方鸿渐从此死心不敢妄想，开始读叔本华，常聪明地对同学们说："世间哪有恋爱？压根儿是生殖冲动。"

批注：方鸿渐胆小、懦弱，这也注定他悲惨的结局。而他否定恋爱的话，是典型的"吃不着葡萄就说葡萄酸"的心理。

<u>鸿渐看了有犯人蒙赦的快活，但对那短命的女孩子，也稍微怜悯。</u>

批注：用"犯人蒙赦"来形容"快活"，可见欣喜的程度，也可见方鸿渐对自由恋爱的渴望，对封建"父母之命，媒妁之言"婚姻的苦恼和无奈。"怜悯"可见方鸿渐有善良的一面。

<u>……事实上，惟有学中国文学的人非到外国留学不可。因为一切其他科目像数学、物理、哲学、心理、经济、法律等等都是从外国灌输进来的，早已洋气扑鼻；只有国文是国货土产，还需要外国招牌，方可维持地位，……</u>

批注：议论深刻，揭露了当时社会上一股崇洋媚外的风气。

【尾批】身在书香绅士家，婚姻自由镜中花。翁怜女故增钱匣，骨气欠缺运气佳。没承想不学无术空皮囊，买个文凭戏弄他。

最喜欢文中父子书信情节，方鸿渐的信措词凄凉哀婉，大意为：我近来多愁善感，内心里具有凄凉的气息，每次照镜子都看到自己形体枯瘦，不是长寿之相，周女士可能会因此贻误终身，希望父亲您可怜体恤我，帮帮我，不要留下遗憾。想以之打动父亲，取消婚约。然而，"揽镜自照"与"怀抱秋气"却反给父亲的反驳留下了把柄。"揽镜自照"本是儿子开口的缘起之词，老子却以之发出一篇道理来斥责儿子不该不好好读书，染上恶习；指责儿子恐吓父母，实为不孝。

"怀抱秋气"也本是儿子的凭空胡诌，方父却以"怀春"加以反驳，不仅字面酬对巧妙，而且击中要害。两信往来，寥寥数语，却勾画出了一个初涉风月、狡猾而又怯懦的新读书人形象和饱经世故、"聪明"而又迂腐的封建遗老形象，讽刺意味自显其中。

父亲出生并生长于封建社会的晚期，脑中自带有传统读书人的那种"学而优则仕""学以光耀门楣"的思想，将读书作为提高社会地位，获取官职财产的途径，所以要方鸿渐以读书为重，拿到文凭。在子女的管教上，也充满了封建社会的"父为子纲"思想，因而不允许方鸿渐有任何僭越之念。而以方鸿渐为代表的当时一批出身封建家庭的又受现代欧风美雨熏染的青年知识分子，既受到来自封建家庭甚至整个封建社会文化的压制，又受到西方民主自由思想的影响，逐渐形成了一种既不敢反抗封建道德思维，又向往西方自由思想的、不中不洋的、似乎又有些变态的心理，这也是造成文中人物矛盾心理的关键。

节选二

以下精华句子节选自第二章，主要写的是方鸿渐回到上海之后的工作生活。节选部分是方鸿渐留学归国后，在挂名岳丈家与岳丈、岳母交流及看到自己的假文凭被岳丈登报的情形。（原文见《围城》第30～32页。）

（丈人）安慰他说："<u>这不成问题。我想你还是在上海或南京找个事，北平形势凶险，你去不得。你回家两个礼拜，就出来住在我这儿。我银行里为你挂个名，你白天去走走，晚上教教我儿子，一面找机会。</u>"

批注：对周经理的语言描写，他关心、安慰、疼爱方鸿渐这个挂名女婿，对方鸿渐的好，其实反映出他对女儿的爱，也说明周经理的善良。

<u>丈母道："鸿渐出洋花的是咱们的钱，他娶媳妇，当然不能撇开咱们周家。鸿渐，对不对？你将来新太太，一定要做我的干女儿。我这话说在你耳朵里，不要有了新亲，把旧亲忘个干净！这种没良</u>

50

心的人我见得多了。"

批注：语言描写，这里道出了在挂名丈母的内心是以恩人自居的，他们希望方鸿渐不能忘记他们的恩情。

……方鸿渐惊骇得几乎饭碗脱手，想美国的行为心理学家只证明"思想是不出声的语言"，这小子的招风耳朵是什么构造，怎么心头无声息的密语全给他听到！……

批注：对方鸿渐的动作、神态、心理进行描写，写出了方鸿渐听到效成的话后的震惊。

鸿渐已经羞愤得脸红了，到小舅子把报拿来，接过一看，夹耳根、连脖子、经背脊红下去直到脚跟。

批注："红"是羞愧的表现，是方鸿渐看到自己的博士照被登在报纸上的表情变化，这一变化说明方鸿渐有良知，有自尊心，有羞耻心，也反映了他虽不坦荡，但并不麻木也有诚实的一面。

……鸿渐恨不能把报一撕两半，把那王什么主任的喉咙扼着，看还挤得出多少开履历用的肉麻公式。怪不得苏小姐哥哥见面了要说："久仰"，怪不得鹏图听说姓苏便知道是留学博士。当时还笑她俗套呢！……

批注："撕""扼"，动作描写，反映了方鸿渐极不愿意自己的假文凭之事被公之于众的恼怒心理。

方鸿渐的内心独白，一个懊恼、羞愧、害怕被人耻笑的形象立于眼前。

【尾批】文凭不文凭，心中有杆秤。众人皆奉承，我心也沉沉。贝多芬说过："无论谁只要说一句谎话，他就失去了纯真的心。"哪怕方鸿渐有正直善良的一面，出于应付的目的，被迫违心买了一个文凭，但他的文凭是假的，就像撒谎一样。没有撒谎成性的方鸿渐极怕别人提及，再次面对那个谎言，有脸红，有羞愧，有恼怒。他的谎言——假文凭成了他心灵的枷锁，他的围城！所以宋朝学者杨简说："以实待人，非为益人，益己尤大。""生命不可能从谎言中开出灿烂的花朵"，还是脚踏实地，做个诚实的人吧！

节选三

以下精华句子节选自第二章，主要写的是方鸿渐回到自己家后，其父母跟他谈论婚姻的问题。作为封建乡绅家庭，是如何看待婚姻中男女之间的关系的，又给了方鸿渐怎样的婚姻选择呢？（原文见《围城》第 34 ~ 36 页。）

母亲道："我不赞成！官小姐是娶不得的，要你服侍她，她不会服侍你。并且娶媳妇要同乡人才好，外县人脾气总有点不合式，你娶了不受用。这位苏小姐是留学生，年龄怕不小了。"

批注：母亲选亲的标准是姑娘娶进家能够服侍丈夫，脾气好，年龄相当。

父亲道："人家不但留学，而且是博士呢。所以我怕鸿渐吃不消她。"——好像苏小姐是砖石一类的硬东西，非鸵鸟或者火鸡的胃消化不掉的。

批注：运用比喻、夸张，表现苏小姐性格孤傲、清高，方老先生认为方鸿渐驾驭不了她。

父亲捻着胡子笑道："鸿渐，这道理你娘不会懂了——女人念了几句书最难驾驭。男人非比她高一层，不能和她平等匹配。所以大学毕业生才娶中学女生，留学生娶大学女生。女人留洋得了博士，只有洋人才敢娶他，否则男人至少是双料博士。……"

批注：语言描写，反映了在方老爷子的观念里，婚姻中就应该男强女弱。这也是传统观念——没有男女平等的意识，婚姻中男性一定要控制得住女性。

（方鸿渐）生平最恨小城市的摩登姑娘，落伍的时髦，乡气的都市化，活像那第一套中国裁缝仿制的西装，把做样子的外国人旧衣服上两方补钉，也照式在衣袖和裤子上做了。

批注：将"小城市的摩登姑娘"比做"第一套中国裁缝仿制的西服"，比喻生动形象，写出了小城市摩登姑娘的不伦不类，也讽刺了旧中国盲目照抄照搬外国一切的行为。

【尾批】这里两种婚姻观发生了碰撞，方鸿渐只能以"溜之大吉"来逃避。"死生契阔，与子成悦""执子之手，与子偕老"是人生婚姻的最高境界，"里面的人想出去，外面的人想进来"才道出了婚姻的真谛。

有一天，柏拉图问苏格拉底：什么是婚姻？苏格拉底说：请你穿越这片树林，去砍一棵最粗最结实的树回来好放在屋里做圣诞树，但有一个规则：你不能走回头路，而且你只能砍一次。于是柏拉图去做了。

　　许久之后，他带了一棵并不算最高大粗壮却也不算赖的树回来了。苏格拉底问他怎么只砍了这么一棵树回来？柏拉图说：当我穿越树林的时候，看到过几棵非常好的树，这次，我吸取了上次爱情摘麦穗的教训，看到这棵树不错，就选了它，我怕我不选它，就又会错过了砍树的机会而空手而归，尽管它并不是我碰见的最棒的一棵。这时，苏格拉底意味深长地说：这，就是婚姻。"婚姻是一种理智，是分析判断，综合平衡的结果。"婚姻是两个家庭的结合，所以会考虑很多因素。

节选四

以下精华句子节选自第三章，主要写的是方鸿渐与唐晓芙分手时的情景。这一部分的心理描写非常细腻，也最为感人。唐小姐从表姐苏文纨处了解到方鸿渐的过往之后，极力谴责他时的爱恨交织的心理表现得简洁、准确、生动，正所谓"爱之深恨之切"。与方鸿渐决裂后，唐小姐内心交织着后悔、痛苦和矜持的矛盾心理也写得细腻、生动，淋漓尽致；同时也充分写出了方鸿渐无奈、软弱和又悔又气的心理。（原文见《围城》第111～115页。）

<u>当夜刮大风，明天小雨接大雨，一脉相延，到下午没停过。</u>鸿渐冒雨到唐家，小姐居然在家；……

批注：环境描写，交代故事发生的背景，渲染忧伤的气氛。

<u>"收到了。方先生，"</u>——鸿渐听她恢复最初的称呼，气都不敢透——……

批注：一声"方先生"唐小姐对方鸿渐有意疏远十分明显，方鸿渐内心已有不祥的预感。你体会到了吗？

"你'有法解释'，先对我表姐去讲。"……<u>"我不需要解释，是不是岳家？是就好了。你在外国这几年有没有恋爱，我不知道。可是你在回国的船上，就看中一位鲍小姐，要好得寸步不离，对不对？"</u>鸿渐低头说不出话……

批注：表面上写了唐小姐在愤怒的情况下，毫不留情面地揭露方鸿渐之前所有的丑行——有过婚史、与鲍小姐的暧昧、追求苏小姐、买假文凭，实际上暴露了苏文纨在得不到方鸿渐，明知方唐互生情愫的情况下，故意破坏方在唐心目中的形象，自己得不到，也不想让唐得到的心理，展现了苏文纨因妒生恨而呈现出心胸狭窄的一面。

鸿渐身心仿佛通电似的发麻，只知道唐小姐在说自己，……<u>"你说得对。我是个骗子，我不敢再辩，以后决不来讨厌。"</u>站起来就走。

批注：语言描写和动作描写，体现方鸿渐的无奈、软弱和无能，容易妥协的性格特点。

……（唐小姐）忙到窗口一望，<u>果然鸿渐背马路在斜对面人家的篱笆外站着，风里的雨线像水鞭子正侧横斜地抽他漠无反应的身体。</u>

批注：写出了瓢泼大雨在风中浇洒在站着一动不动的方鸿渐身上的情景，"抽"也写出了唐晓芙对方鸿渐的爱和心疼。

……这一分钟好长，她等不及了，正要吩咐女用人，鸿渐忽然回过脸来，狗抖毛似的抖擞身子，像把周围的雨抖出去，开步走了。

批注：运用了比喻的修辞手法，将失恋又淋雨的方鸿渐比喻成淋了雨的狗，写出了当时方的失魂落魄和狼狈状态。"狗抖毛似的抖擞身子"，表示振作的意思，也有将不如意都抖掉的意味。

……（方鸿渐）说："咱们已经断了，断了！听见没有？一次两次来电话干吗？好不要脸！你捣的好鬼！我瞧你一辈子嫁不了人——"……唐小姐听到"好不要脸"，忙挂上听筒，人都发晕，……

批注：阴错阳差的误会，加速了方鸿渐和唐晓芙两个都有极强自尊的有情人的情感瓦解。人生中往往有太多的巧合和偶然。

【尾批】从未真正用心谈过恋爱的方鸿渐，在接近而立之年遇上了"清水出芙蓉，天然去雕饰"的唐晓芙。唐晓芙在他眼中天真率直、调皮可爱，是"在摩登文明社会里那罕见物——一个真正的女孩子"。她的模样、打扮，既不会"装模作样"又不会"混沌痴顽"，她的笑容依恋在脸上，不会像"面部肌肉柔软操"，她像一阵清风，轻轻柔柔地吹进了方鸿渐苦闷的心里，于是浪漫美好的爱情来了。可是好景不长，鲁迅说："悲剧就是把美好的东西撕碎给人看。"眼看方鸿渐与唐晓芙你侬我侬，自私而颇有心计的苏文纨怎会无所作为？于是一对佳偶产生矛盾，发生误会，并因自尊骄傲而最终彼此错过。其实这也是他们最好的结局，因为美好的爱情永远只能停留在记忆与想象中，一旦落实在柴米油盐中，就会失去原来纯粹的模样。张爱玲也说过："每个男人的生命中都会有一朵白玫瑰和一朵红玫瑰，无论娶了哪一朵最终都会是遗憾。"最完美的永远是得不到的，就让纯洁天真的唐晓芙永远活在方鸿渐的心里吧！唐晓芙也是《围城》中唯一一个没有被叙述者的讽刺利刃砍杀的人物，她是小说中的一脉清流。

节选五

以下精华句子节选自第四章，主要讲述了方鸿渐从挂名岳父的点金银行失业回家，与赵辛楣化"敌"为友后一起等待三间大学的音信期间的事情。节选部分是插叙方鸿渐在原生大家庭里，感受到的两个弟媳妇之间的妯娌矛盾，以及两个弟媳妇与公婆之间的矛盾。这是封建家庭长期以来难以调和的家庭矛盾的真实写照。其实，就算新时代的今天，是不是依然存在着像文中描述那样的妯娌矛盾和婆媳矛盾呢？（原文见《围城》第125～126页。）

这次逃难时，阿丑阿凶两只小东西真累人不浅。鸿渐这个不近人情的鳏夫听父母讲逃难的苦趣，便心中深怪两位弟妇不会领孩子，害二老受罪。

批注：方鸿渐认为逃难时，两个侄儿是累赘，并且"深怪两位弟妇不会领孩子""害二老受罪"，可见他对侄儿、弟媳、二老的态度了。如此，你认为方鸿渐是个孝子吗？

……只有媳妇怀孕，婆婆要依仗了她才能荣升祖母，于是对她开始迁就。到媳妇养了个真实不假的男孩子，婆婆更加让步。

批注：感受到了"母以子贵"的封建传统了吗？

方老太太生性懦弱，两位少奶倒着实厉害，……老夫妇满脸的公平待遇，两儿子媳妇背后各怨他们的偏袒。

批注：妯娌间争风吃醋、明争暗斗，老人尽量公平，却被认为有"偏袒"，封建家长也不好做啊！

……大家庭里做媳妇的女人平时吃饭的肚子要小，受气的肚子要大；一有了胎，肚子真大了，那时吃饭的肚子可以放大，受气的肚子可以缩小。

批注：通过对比揭示了封建大家庭儿媳妇的地位，也是对中国传统文化下家庭关系的批判。

【尾批】方鸿渐家族中的斗法纷争，恰恰是基于中国传统文化的封建大家庭在末世的必然的日常表现。"凡诸卑幼，事无大小，无以专行，必咨禀于家长"，可见封建社会父母的绝对权威，然"不孝有三，无后为大"，中国封建家族又倾向将繁衍子孙放在首位，"男尊女卑"的思想又让许多女性"母以子贵"，因此就有了文中的情节。对于这样封建腐朽的家庭方鸿渐其实是厌恶的。

节选六

以下精华句子节选自第五章，主要写的是方赵二人在甲板上谈话后，遇到孙小姐的情景。这三个人在甲板相遇后又发生了什么事情呢？（原文见《围城》第150～152页。）

……鸿渐这时候，心像和心里的痛在赛跑，要跑得快，不让这痛赶上，胡扯些不相干的话，仿佛抛掷些障碍物，能暂时拦阻这痛的追赶，所以讲了一大堆出洋船上的光景。

批注：赵辛楣提起唐晓芙而产生的"心痛"是抽象的，"赛跑""抛掷些障碍物"是具体的，这是变抽象为具体，以虚为实的手法。

灯光照着孙小姐惊奇的眼睛张得像吉沃吐（Giotto）画的"○"一样圆，……孙小姐道："方先生在哄我，赵叔叔，是不是？"……

批注：孙柔嘉的神态、语言，完全是"无知可怜的弱小女孩"形象，其实她颇有心计。

辛楣道："你这人没良心！方才我旁观者看得清清楚楚，孙小姐——唉！这女孩子刁滑得很，我带她来，上了大当——孙小姐就像那条鲸鱼，张开了口，你这糊涂虫就像送上门去的那条船。"

批注：赵一眼看穿孙的伎俩——装无知、装傻，以博得方的同情和好感，给方下圈套。

"……（书）借了要还的，一借一还，一本书可以做两次接触的借口，而且不着痕迹。这是男女恋爱必然的初步，一借书，问题就大了。"

批注：赵的一番议论，足见他深知男女开始交往的一般套路。

……鸿渐知道今天的睡眠像唐晓芙那样的不可追求，想着这难度的长夜，感到一种深宵旷野独行者的恐怯。……

批注：把"失眠"比作"失唐"，形象、生动，表现了方鸿渐表面的失眠和内心的失唐给自己带来的痛苦和煎熬。

【尾批】孙柔嘉是中国二十世纪四十年代青年知识女性的典型形象，眼界不够开阔、理想不够崇高、追求个人幸福而又往往陷入泥潭。她的名字没白取，她将她的温和柔顺当作了武器，"即使假也假得天真"，为方鸿渐设了一张网，可洞察力强的赵辛楣一眼就看穿，并提醒方鸿渐。"你可以叫醒一个睡着的人，却永远叫不醒一个装睡的人。"方鸿渐最终还是掉进了孙柔嘉的陷阱里。孙柔嘉对方鸿渐的爱无疑是真诚的，但她的矫情和心机却也是显而易见的。复杂多变、充满险恶的社会环境，使她刚刚涉世，既已懂得生活的不易、发展之艰难，她便无师自通地懂得了施巧与做戏，即使是真情，哪怕再恳挚，也都要伴之虚伪与做作，以便速达目的。因此，可以说她的性格由扭曲的社会所致，她个人后来的悲剧亦是悲剧的社会所促。方孙恋爱，赵辛楣既是俏皮的始作俑者，又是犀利的评论者。在此，我们可以感受到赵辛楣的聪明反衬了方鸿渐的迂腐，赵辛楣的有用反衬了方鸿渐的无能。

节选七

　　以下精华句子节选自第六章，主要写的是方鸿渐在三闾大学的生活。三闾大学就像一个浓缩的社会，也是他所进的事业围城，他在这里会有怎样的经历呢？他见到的中国知识分子的生活、工作状态是怎样的呢？他能在这个事业围城里实现自己的人生价值吗？通过这一章的阅读，同学们一定能有自己的思考。所选部分，讲的是方鸿渐见到高松年后，表示自己并未收到他从教授降为副教授的信，而高松年为了掩饰那封并没有写过的信而做的一番表演，彻底揭露高松年的丑恶嘴脸。对比之下，更显出方鸿渐的稚嫩和单纯。这里上演了一出怎样的好戏呢？（原文见《围城》第 208～210 页。）

　　……一般人撒谎，嘴跟眼睛不能合作，嘴尽管雄赳赳地胡说，眼睛懦怯不敢平视对方。高松年老于世故，并且研究生物学的时候，学到西洋人相传的智慧，那就是：假使你的眼光能与狮子或老虎的眼光相接，彼此怒目对视，那野兽给你催眠了不敢扑你。当然野兽未必肯在享用你以前，跟你飞眼送秋波，可是方鸿渐也不是野兽，至多只能算是家畜。

批注：将高松年撒谎和一般人撒谎进行对比，表现出高松年老于世故，撒谎成性，善于表演。用"家畜"来比喻方鸿渐，暗示方必然会败给高。

"咦！怎么没收到？"高松年直跳起来，假惊异的表情做得惟妙惟肖，比方鸿渐的真惊惶自然得多。他没演话剧，是话剧的不幸而是演员们的大幸，……

批注：对高松年的语言、动作描写，这些都是为了掩饰那封并没有写过的信而做的一番表演。他表演得越真实，越能暴露其背信弃义、撒谎成性的伪君子形象。

可是方鸿渐像鱼吞了饵，一钓就上，急口接说："高先生电报上招我来当教授，可是没说明白什么系的教授，所以我想问一问？"

批注："方鸿渐像鱼吞了饵"，意味着方鸿渐很快进入高松年设置的圈套，说明方鸿渐的稚嫩、高松年的狡猾。

……高松年看在眼里，胆量更大——"当然，我决不计较学位，我只讲真才实学。不过部里定的规矩呆板得很，照先生的学历，至多只能当专任讲师，教授待遇呈报上去一定要驳下来的。我相信辛楣的保荐不会错，所以破格聘先生为副教授，月薪二百八十元，……"

批注：高松年懂得察言观色，见机行事，不仅解决了自己的失信，还让方鸿渐对他感激不尽，可见他的狡猾和老谋深算。

【尾批】高松年不愧是最出色的"演员"，对付方鸿渐这样不谙江湖世事的职场菜鸟，他极具手段——先扬后抑，察言观色；反客为主，旁敲侧击；他还能够克服一般撒谎者嘴眼不能合作的弊病，将假话说得活灵活现，只让方鸿渐觉得高松年大发慈悲收留了一个废物，只能表现出万分感激，而满肚子又羞又恨，却没有个发泄的对象。高松年战胜方鸿渐后的耀武扬威和方被欺负后的痛苦、无奈对比得越是鲜明，就越能让高松年背信弃义、撒谎成性的伪文化人、真"做戏党"的丑陋形象跃然纸上。

节选八

以下精华句子节选自第七章，主要写的是三间大学内部，各利益集团的明争暗斗。节选部分是汪处厚为拉拢方赵二人，要为二人说媒，二人得知后，去汪家拜访的情景。因为是在抗战的特殊情况下，他们的谈论显得格外有意思。（原文见《围城》第246～248页。）

……日本人烧了许多空中楼阁的房子，占领了许多乌托邦的产业，破坏了许多单相思的姻缘。<u>譬如陆子潇就常常流露出来，战前有两三个女人抢着嫁他，"现在当然谈不到了！"李梅亭在上海闸北，忽然补筑一所洋房，</u>……<u>方鸿渐也把沦陷的故乡里那所老宅放大了好几倍，</u>……<u>赵辛楣住在租界里，不能变房子的戏法，</u>……<u>只说假如战争不发生，交涉使公署不撤退，他的官还可以做下去——不，做上去。</u>

批注：用铺排的手法，写出了这些人各种不同的阔法，这也是战时一些人的精神胜利法。跟阿Q的"我们先前——比你阔的多啦！"不是一样的吗？所以，战争有时也是一面镜子，照出了这些人的虚荣心。

……没说完，汪太太出来了。<u>骨肉停匀，并不算瘦，就是脸上没有血色，也没擦胭脂，只傅了粉。嘴唇却涂泽鲜红，旗袍是浅紫色，显得那张脸残酷地白。长睫毛，眼梢斜撇向上。头发没烫，梳了髻，想来是嫌本地理发店电烫不到家的缘故。手里抱着皮热水袋，十指甲全是红的，</u>……

批注：汪太太首次出场，这是对她外貌、着装的描写，显出她的美丽妖娆。

【尾批】"人总是喜欢在别人面前表现自己，自己原来是一无所有，反而要装出有的样子。"国难当头，他们仍然是那么自私浅薄，钱先生对这些文人的讽刺就"大抵倒是写实"，虽有讽刺，却透着温和的态度，充分显示出他对人性弱点的理解和包容。

汪处厚从前给某省督军当过秘书，也是官场混过的人物，首次出场是在李梅亭的欢迎会上。钱先生在铺垫和描绘里就极尽讽刺：他知道高松年与李梅亭有约在先，自己就像"乘虚纂窃"，却说"先进门三日为大"，把欢迎李梅亭的会看成了老大给新姨太的见面礼，而且在见到李梅亭时，一把握住他的手，仿佛捉住了情妇的手说"李先生，你真害我们等死啦，我们天天望你来"。这强烈的画面感让人喷饭，虚伪得令人作呕。在家里，他又是惧内的，娶了个小了二三十岁的美丽的老婆，他们的婚姻其实是两个投机分子的结合。

节选九

以下精华句子节选自第八章，主要写的是方孙二人离开三间大学经香港返上海的经历。 所选部分讲的是方孙二人在香港结婚后，一起去见也在香港的赵辛楣的母亲赵老太太，却遇到了许久不见的苏文纨的情景。（原文见《围城》第315～319页。）

……（苏文纨）手边茶几上搁一顶阔边大草帽，当然是她的，衬得柔嘉手里的小阳伞落伍了一个时代。

批注：将苏文纨的"阔边大草帽"和孙柔嘉的"小阳伞"进行对比，衬托出苏文纨的时髦和阔绰，孙柔嘉的寒碜和拮据。

……文纨早看见柔嘉，这时候仿佛听了辛楣的话才发现她似的，对她点头时，眼光从头到脚瞥过。柔嘉经不起她这样看一遍，局促不安。文纨问辛楣道："这位方太太是不是还是那家什么银行？钱庄？唉！我记性真坏——经理的小姐？"

批注：表现了苏文纨对孙的轻慢、蔑视。为后文孙方二人的吵架埋下了伏笔。

……<u>文纨笑道:"伯母,你有辛楣陪你,怕些什么!我一个人飞来飞去就五六次了。"</u>

批注:言语里透露出苏过着非常阔绰的生活,同时也有炫耀的成分。

……<u>她站起来,提了大草帽的缨,仿佛希腊的打猎女神提着盾牌,</u>叮嘱赵老太太不要送,……

批注:比喻,写出了苏文纨自以为胜利后不可一世的高傲神态,使可鄙可笑的苏小姐浮雕般显现在读者眼前。

(赵辛楣)说:"方先生也在招呼你呢。"<u>文纨才对鸿渐点点头,伸手让柔嘉拉一拉,姿态就仿佛伸指头到热水里去试试烫不烫,脸上的神情仿佛跟比柔嘉高出一个头的人拉手,眼光超越柔嘉头上。</u>……

批注:神态、动作描写,表现了苏文纨的盛气凌人,她在情敌孙柔嘉面前故意表现出胜利者姿态,反映出她的虚荣心理。寥寥数笔,把这个高傲自负的苏小姐形象刻画得淋漓尽致,跃然纸上。

……辛楣道:<u>"她每次飞到重庆,总带些新出的化妆品、药品、高跟鞋、自来水笔之类去送人,也许是卖钱,我不清楚。"</u>鸿渐惊异得要叫起来，……一壁说："怪事！我真想不到！她还要做生意么？我以为只有李梅亭这种人带私货！

批注：通过赵辛楣和方鸿渐的对话，侧面反映出苏文纨这个曾经的阔小姐、洋博士、"苏小妹"，表面上洋气、阔绰，私底下却卖私货，发国难财，内心已经变得非常庸俗市侩了。

【尾批】再次见面，没有对往日旧情的伤感怀念，也没有"情敌见面，分外眼红"，有的只是倨傲的神情和相当的优越感。小说刚开始时，在作者风趣幽默、精致隽永的笔调下，苏文纨的"孤芳自赏，落落难合"的神情最先映入读者的视野，亦如墙角盛开的梅花，看上去有一种骄矜的情态，谓之孤芳自赏，在自己的天与地里自我欣赏着，高傲着。后来，在婚恋问题上苏文纨表现出的自私自利，让她的形象大打折扣。而这次见面，她在相貌和出身上又着实羞辱了一把刚成为方太太的孙柔嘉，替自己出了一口恶气，这种种行径都表明了这个女人逐渐变得狭隘和俗气起来。最后关于她走单帮"带私货"笔触的涉入，不止让方鸿渐大吃一惊，更是让我们始料未及，这使得她身上平添了一股市井习气，彻底毁了那种目空一切的清高之气。这是钱钟书笔下的苏文纨。但就现实而言，苏文纨面对孙柔嘉的高傲，是有资本的。苏文纨比去年更时髦，将孙柔嘉比了下去，她之所以穿得更时髦，不是依靠丈夫，而是她能"与时俱进"，抓住商机，每次飞重庆"总带些新出的化妆品、药品、高跟鞋、自来水笔之类"送人或者卖了赚钱，还教赵辛楣的母亲快买外汇。她虽有很多缺点，是鄙俗的、物质的，在当时社会她的做法也是不被认可的，是发国难财，是"走私"，但她不肯在家做全职太太，自己养活自己的魄力却让人十分佩服。她不靠别人，自力更生，在乱糟糟的环境里，活得风生水起，潇洒自如，这样努力生活的精神是值得肯定的！

节选十

以下精华句子节选自第九章（也是小说的结尾部分），主要写的是方鸿渐和孙柔嘉在结婚定居上海后，因双方家庭、亲戚，甚至用人的介入，孙方二人之间的矛盾变得更加复杂。最后，二人终因方鸿渐辞去报馆资料室的工作一事而矛盾激化，新家面临解体。（原文见《围城》第 373～376 页。）

柔嘉不愿意姑母来把事闹大，但瞧丈夫这样退却，鄙薄得不复伤心，嘶声说："你是个 Coward！ Coward！ Coward！（懦夫）我再不要看见你这个 Coward！"

批注：心理和语言描写，表现了孙柔嘉内心里不想姑母参与他们的家事，但方鸿渐的懦弱让她有恨铁不成钢的愤怒，可是她的发泄和激将，又深深伤害了方的自尊心，继而加深了二人的矛盾，矛盾就这样恶性循环着。

……鸿渐惊骇她会这样毒手，看她扶桌僵立，泪渍的脸像死灰，两眼全红，鼻孔翕开，嘴咽唾沫，又可怜又可怕，……只说："你狠，啊！你闹得你家里人知道不够，还要闹得邻舍全知道，这时候房东家已经听见了。你新学会泼辣不要面子，我还想做人，倒要面子的。……"

批注：神态描写，表现了孙柔嘉看到方鸿渐被她打出血之后的后悔、害怕、无措。也反映了在孙柔嘉将他们的矛盾闹得亲戚、邻居、房东都知道后，方鸿渐的愤怒。

鸿渐走出门，……头脑里，情思弥漫纷乱像个北风飘雪片的天空。……

批注：用比喻的修辞手法，以雪片的纷飞，形象地描绘了方鸿渐心里的凌乱，暗示了家庭矛盾的复杂错乱；也用雪天的寒冷，写出了他内心的凄冷和痛苦。

……（方鸿渐）心里又生希望，像湿柴虽点不着火，而开始冒烟，似乎一切会有办法。

批注：比喻，把"渺茫的希望"比喻成"点不着火的湿柴"，形象生动，虽然面对黑暗，但依然对未来萌生希望，可见，方鸿渐不甘接受现实的一面。

……他睡着了。最初睡得脆薄，饥饿像镊子要镊破他的昏迷，他潜意识挡住它。渐渐这镊子松了、钝了，他的睡也坚实得镊不破了，没有梦，没有感觉，人生最原始的睡，同时也是死的样品。

批注：痛苦、饥饿、无助、寂寞一起涌来，想在沉睡里麻醉自己，方鸿渐此时此刻的处境令人同情。

那只祖传的老钟从容自在地打起来，仿佛积蓄了半天的时间，等夜深人静，搬出来一一细数："当、当、当、当、当、当"响了六下。……这个时间落伍的计时机无意中包含对人生的讽刺和感伤，深于一切语言、一切啼笑。

批注：晚点的时钟富有象征意义：一、形象地讽刺了方鸿渐生活在新的时代却有着落伍的家庭观念；二、它既是围城冬夜环境的组成部分，也表达了作者对二人婚姻面临解体的感伤和同情；三、暗示了对人生困局的无奈。

【尾批】方鸿渐是我们芸芸众生中常见的一类人——既有些良知，厌恶虚伪，又不得不和现实妥协，虚伪作态；既受不了虚伪的人环绕周围，又缺乏和虚伪决裂的能力和勇气，只能一直在压抑、愤懑、纠结和不甘之中苟且地活着。是什么让方鸿渐的人生每况愈下？看似是大时代下知识分子面临的窘境导致的，但对个人而言，命运总不会亏待无论身处何种境地总是努力向上的灵魂。有着"海归"光环的他虽善良聪明，但其实总有满腹牢骚，并且总是需要人帮助，对帮助过自己的人，眼里又容不下沙子，总是自诩清高，什么都看不惯，瞧不上，浑身是刺，没有明确的人生信念，没有明确的奋斗目标，不努力开创属于自己的一片天地。想得很多，知道很多，但懒于行动，做得很少，这是他人生失败的根本原因。他是想保持一点知识分子的情结，但尼采早说过："人生是一条污脏的河，我们必须成为大海，方能容纳一条不清的河而不致自污。"要想保持心灵清洁，不是置身时代的大潮之外，事实上谁也做不到真正地旁观时代，你所有的选择都是一种置身其中，与其被动地逆来顺受，不如真的去拥抱生活，用魄力和胸怀去包容种种不如意，逆流而上，实现自己的人生目标。

附录：阅读提升

一、选择题

1. 钱钟书被誉（　　　）

    A．"文化泰山"　　　　　　　　B．"文化北斗"

    C．"文化太极"　　　　　　　　D．"文化昆仑"

2. 《围城》中主要以（　　　）阶层人物为描写对象。

    A．留学生　　　B．商人　　　　　C．政客　　　　D．知识分子

3. 《围城》中，下列不构成方鸿渐的"围城"的是（　　　）

    A．他希望做个大人物的性格

    B．买的假文凭

    C．处理情感问题时候的玩世态度

    D．家族本位制内部的明争暗斗

4. 方鸿渐在回国邮轮上，被（　　　）玩弄了感情。

    A．鲍小姐　　　B．苏文纨　　　　C．唐晓芙　　　D．孙柔嘉

5. 赵辛楣与方鸿渐是什么关系？（　　　）

    A．一同出国留学的同学

    B．回国时一同坐船认识的亲密朋友

    C．三间大学的同事

D. 打小就是一起的玩伴

6. 《围城》中，在三闾大学任教期间，（　　）曾经被学生侮辱。

A. 方鸿渐　　　B. 赵辛楣　　　　C. 李梅亭　　　D. 孙小姐

7. 小说中有这么一句："写好信发出后，他总担心这信像支火箭，到落地时会炸了对方，收到的只是一段枯炭。"里面的信是方鸿渐写给（　　）

A. 唐小姐　　　B. 张小姐　　　　C. 苏小姐　　　D. 孙小姐

8. 关于故事情节下列选项错误的是（　　）

A. 唐小姐误以为方鸿渐是个骗子，欺骗了自己和表姐的感情

B. 唐小姐参加了苏小姐与曹元朗的婚礼

C. 方鸿渐在发生误解后与唐小姐认真谈心，并最终与唐小姐喜结良缘

D. 唐小姐对自己粗鲁的话感到抱歉

9. 下面关于小说情节的选项哪个是正确的？（　　）

A. 苏小姐并没有与赵辛楣结婚而是和王尔恺走到了一起

B. 赵辛楣和苏文纨从小就一起玩儿，并且赵辛楣从小就喜欢苏文纨

C. 方鸿渐最后想起扇子上的诗是自己在欧洲留学时所听到的一首国歌

D. 苏小姐、唐小姐、方鸿渐都觉得曹元朗的《拼盘姘伴》写得很好

10. 《围城》中最聪明漂亮、活泼可爱又率性、可爱的女性是（　　）

A. 苏小姐　　B. 唐小姐　　　C. 范小姐　　　D. 孙小姐

11. 从宁波到溪口的一段路，方鸿渐一行人上来船，这时天下起大雨，李梅亭舍不得用新买的雨衣，这时借给李梅亭雨伞的是（　　）

A. 孙柔嘉　　B. 方鸿渐　　　C. 赵辛楣　　　D. 顾尔谦

12. 在小说的最后，哪些情节是正确的？（　　）

A. 方鸿渐与孙小姐过上了幸福美满的生活

B. 方鸿渐并没有听妻子的话，而是按照赵辛楣的安排到内地去做官

C. 方鸿渐与孙嘉柔的婚后生活并不十分美满，家中经常存在矛盾，尤其是以方遯翁夫妇与孙小姐和孙小姐的姑妈与方鸿渐这两对矛盾为主

D. 方家里的二奶奶与三奶奶经常和孙小姐聊聊天，拉近感情

13. 方鸿渐收到请柬后向苏小姐说出了他对赵辛楣的评价："他本领比我大，仪表也很神气，将来一定得意。我看他倒是个理想的——呃——人。"对这话理解错误的是（　　）

A. 方鸿渐为了向苏小姐表示自己的谦虚

B. 方鸿渐对赵辛楣的赞扬是真心的

C. 尽管赵辛楣将方鸿渐当成情敌，但由于方鸿渐对苏小姐并没有爱意，他倒希望苏小姐爱上赵辛楣，这样他才能得到解脱

D. 这句话恰是方鸿渐懦弱、心软性格的写照

14. 下列说法错误的是 （   ）

A. "他有一样显著的东西，喉咙里有一个大核。他讲话时，这喉核忽升忽降，鸿渐看得自己的喉咙都发痒。""他"指的是韩学愈

B. "宛如做了好衣服，舍不得穿，锁在箱子里，过两年忽然发现这衣服的样子和花色都落伍了，有些自怅后悔。"比喻的是苏小姐

C. "脸上少了那副黑眼镜，两只大白眼睛像剥掉壳的煮熟鸡蛋。"比喻的是李梅亭

D. "长圆脸，旧象牙色的颧颊上微有雀斑，两眼分得太开，使她常常带着惊异的表情；打扮甚为素净，怕生得一句话也不敢讲，脸上滚滚不断的红晕。"描写的是唐小姐

15. 文章的末尾方鸿渐和孙柔嘉的婚姻结局是 （   ）

A. 打架而分开   B. 吵架而分开

C. 没有分开   D. 半分半合状态

16. 下列有关方鸿渐婚姻失败的原因，分析有误的一项是 （   ）

A. 方鸿渐有个没落的乡绅家庭：号称开明却不理解儿子的父亲，唯唯诺诺的母亲，还有妒忌心重的弟弟弟媳，这样的家庭让孙柔嘉受不了

B. 孙柔嘉有个洋味十足的姑母：姑母把自己的先生管得服服

帖帖，怂恿孙柔嘉管制方鸿渐。这样的姑母令方鸿渐无法消受，于是矛盾产生

C. 恋爱是美好的，而婚姻是琐碎的，意料之外的烦恼和分歧总在考验着夫妻双方，如果没有深厚的感情基础，过程和结果都不会好到哪里

D. 唐晓芙是方鸿渐真正的初恋，方鸿渐婚后对她一直念念不忘。这种精神上的背叛，让妻子孙柔嘉很难容忍，成为两人矛盾的主因

二、判断题

1. 文章句子"鸿渐忽然回过脸来，狗抖毛似的抖擞身子，像把周围的雨抖出去，开步走了"是钱钟书写受到失恋伤痛，失魂落魄的方鸿渐时用"狗抖毛似的"作比喻，可谓神来之笔——淋雨的狗，一副狼狈相；抖毛表示振作，也有不在乎的意思；更有抖去一切不如意的象征，读来趣味无穷。　　　　（　　）

2. 钱钟书用"宛如做了好衣服，舍不得穿，锁在箱子里，过两年忽然发现这衣服的样子和花色都落伍了，有些自怅后悔"来比喻出身名门、高傲自负，对爱情一向"待价而沽"的鲍小姐。

（　　）

3. 方鸿渐克莱登大学的假博士毕业证是从一个德国人手中买来的。

（　　）

4. 方鸿渐死去的未婚妻名叫周淑英。 （   ）

5. 方鸿渐对孙柔嘉谈不上喜欢或不喜欢，但孙柔嘉在船上的天真发问，领他过桥，都引发方鸿渐对她的注意和怜爱。在三闾大学，孙柔嘉又对他事事依赖，使他一步步陷入了她的爱情围城。但订婚后，方鸿渐发现柔嘉很有主见，事事对他限制，两人不断因琐事争吵，又想从中抽身。这是方鸿渐的婚姻围城。 （   ）

6. 方鸿渐和孙柔嘉在赵辛楣的建议下在桂林结婚。 （   ）

7. 在前往三闾大学任教途中，李梅亭只关心他的大铁箱。在自己因行李没到要原地等候，不能和其他四人一起去吉安领钱时他激动地说出自己可以把箱子里的药在内地卖千把块钱。 （   ）

8. 赵辛楣一直苦苦追求从小一起长大的苏文纨，可是苏文纨在没有得到自己中意的人后，却嫁给了她最不值得嫁的董斜川。

（   ）

9. 《围城》善于运用贴切生动而又形象精辟的比喻，语言警策幽默、新奇犀利，作品艺术感染力很强，具有独特的艺术魅力。

（   ）

10. 高松年处事圆滑，在方鸿渐初到三闾大学时，通过一封自己没写方鸿渐也没收到的信，试探鸿渐是不是善办交涉的人，并以此步步为营，说信里已经说明方鸿渐开来的履历上没有学位，只能做讲师，但他可以不计较学位破格聘他为教授。 （   ）

三、填空题

1. 《围城》用现实主义的讽刺手法，描绘了二十世纪半封建半殖民地中国社会所有的_____群像，被誉为"_____"。

2. 这部小说用"_____"、"_____"、"_____"等意象来表达人生的一种尴尬和窘迫。

3. 《围城》作者_____，字默存。自幼深受传统文化影响，十九岁时被清华大学破格录取，与吴晗、夏鼐被誉为清华"_____"。文学创作方面主要有长篇小说《围城》，短篇小说集《_____》，散文集《_____》等。

4. 在这部小说里，作者运用_____的语言和毫不留情的_____手法，描写了主人公_____等人在城镇与学校、家庭的一座座"围城"间颠沛流离、无家可归的人生境遇。

5. 小说的主人公_____是江南一个乡绅的儿子，性格善良懦弱。读大学时，他听从父命，与一位银行家的女儿_____订了婚。怎奈未婚妻早逝，岳父便资助他去_____读了四年书。留学期间，他生活散漫，学无所成，临回国之前，只得从一个_____人手里买了一个子虚乌有大学的_____头衔来敷衍家人。

6. 小说用生动幽默风趣的语言，描绘了一个个个性鲜明的人物形象，例如懦弱，正直幽默又不乏小聪明的"多余人"_____，风流倜傥、睿智善良的_____，矜持自负，俗不可耐的_____

____，表面柔顺，实际心机深藏的_____，虚伪奸诈、庸俗淫邪、唯利是图的_____，心毒手辣的冒牌假博士_____等等。

7. _____处事圆滑，在方鸿渐初到三闾大学时，通过一封自己没写方鸿渐也没收到的信，试探鸿渐是不是善办交涉的人，并以此步步为营，说信里已经说明方鸿渐开来的履历上没有学位，只能做_____，但他可以不计较学位破格聘他为_____。

8. 方鸿渐、赵辛楣、苏文纨、褚慎明等在酒楼小聚，_____说"结婚仿佛金漆的鸟笼，笼子外面的鸟想住进去，笼内的鸟想飞出来；所以结而离，离而结，没有了局。"_____接着说："_____国也有这么一句话。不过，不说是鸟笼，说是被围困的_____，城外的人想冲进去，城里的人想逃出来。"引出了"围城"意象。

四、简答题

1. 生活中人们会面临许多"围城"，如人生的、事业的、爱情的、文凭的等等，请选择一个角度简述方鸿渐所面临的"围城"。

_____

_____

2. 简述《围城》中一个令你难忘的故事。

_____

3. 简析方鸿渐这一人物形象。

_____

_____

4. 请简述方鸿渐、赵辛楣、苏文纨之间的感情纠葛。

_____

_____

5.《围城》善用设喻，语言机智幽默妙趣横生，试举三个例子。

_____

_____

6. 简析《围城》中孙柔嘉这一人物形象。

_____

_____

五、阅读选文完成练习

(一)

【甲】在大学同学的时候，她眼睛里未必有 A 这小子。那时 B 把自己的爱情看得太名贵了，不肯随便施与。现在呢，宛如做了好衣服，舍不得穿，锁在箱里，过一两年忽然发现这衣服的样子和花色都不时髦了，有些自怅自悔。从前她一心要留学，嫌那几个追求自己的人没有前程，大不了是大学毕业生。而今她身为女博士，反觉得崇高的孤独，没有人敢攀上来，她对方鸿渐的家世略有所知，见他人不讨厌，似乎钱也充足，颇有意利用这航行期间，给他一个亲近的机会。

【乙】想来这是一切女人最可夸傲的时候，看两个男人为她争斗。自己何苦空做冤家，让C去爱B得了！B不知道A的这种打算；她喜欢二人斗法比武抢自己，但是她担心交战得太猛烈，顷刻就分胜负，二人只剩一人，自己身边就不热闹了。她更担心败走的偏是A；她要借C来激发A的勇气，可是A也许像这几天报上战事消息所说的，"保持实力，作战略上的撤退。"

1. 【甲】【乙】两文段均选自长篇小说_____，其中A、B、C是其中的三个人物，他们分别指的是_____、_____、_____。

2. 从【甲】【乙】两个选段，可以看出B具有怎样的性格特点？

_____

_____

（二）

【甲】苏小姐领了个二十左右的娇小女孩子出来，介绍道："这是我表妹A。"A妩媚端正的圆脸，有两个浅酒涡。天生着一般女人要花钱费时、调脂和粉来仿造的好脸色，新鲜得使人见了忘掉口渴而又觉嘴馋，仿佛是好水果。她眼睛并不顶大，可是灵活温柔，反衬得许多女人的大眼睛只像政治家讲的大话，大而无当。古典学者看她说笑时露出的好牙齿，会诧异为什么古今中外诗人，都甘心变成女人头插的钗，腰束的带，身体睡的席，甚至脚下践踏的鞋，可是从没想到化作她的牙刷。她头发没烫，眉毛不镊，口红也没有擦，似乎安心遵守天生的限止，不要弥补造化的缺陷。总而言之，A 是摩登文明社会里那桩罕物——一个真正的女孩子。

【乙】一位 B 女士，是辛楣报馆同事前辈的女儿，刚大学毕业，青年有志，不愿留在上海，她父亲恳求辛楣为她谋得外国语言系助教之职。B 长圆脸，旧象牙色的颧颊上微有雀斑，两眼分得太开，使她常常着惊异的表情；打扮甚为素净，怕生得一句话也不敢讲，脸上滚滚不断的红晕。她初来时叫辛楣"赵叔叔"，辛楣忙教她别这样称呼，鸿渐暗笑。

1. 【甲】【乙】两文段均选自长篇小说《围城》，其中【甲】段中 A 指的是_____，【乙】段中 B 指的是_____。

2. 请结合【甲】【乙】两段文字，谈谈 A、B 两人给你的印象。

_____

_____

（三）

【甲】汪先生得意地长叹道，"这算得什么呢！我有点东西，这一次全丢了。两位没看见我南京的房子——房子总算没给日本人烧掉，里面的收藏陈设都不知下落了。幸亏我是个达观的人，否则真要伤心死呢。"这类的话，他们近来不但听熟，并且自己也说惯了。这次兵灾当然使许多有钱、有房子的人流落做穷光蛋，同时也让不知多少穷光蛋有机会追溯自己为过去的富翁。日本人烧了许多空中楼阁的房子，占领了许多乌托邦的产业，破坏了许多单相思的姻缘。譬如陆子潇就常常流露出来，战前有两三个女人抢着嫁他，"现在当然谈不到了！"李梅亭在上海闸北，忽然补筑一所洋房，如今呢？可惜得很！该死的日本人放火烧了，损失简直没法估计。方鸿渐也把沦陷的故乡里那所老宅放大了好几倍，妙在房子扩充而并不会侵略邻舍的地。赵辛楣住在租界里，不能变房子的戏法，自信一表人才，不必惆怅从前有多少女人看中他，只说假如战争不发生，交涉使公署不撤退，他的官还可以做下去——不，做上去。

【乙】他们仿佛全知道<u>自己</u>解聘，但因为这事并未公开，他们的同情也只好加上封套包裹，遮遮掩掩地奉送。往往平日很疏远的人，忽然拜访。他知道他们的来意是探口气，便一字不提，可是他们精神和说话里包含的惋惜，总像圣诞老人放在袜子里的礼物，送了才肯走。

1. 【甲】【乙】两个文段均选自长篇小说_____，作者是_____。两个选文所讲的故事都发生在_____大学。其中【乙】选文中画线的"自己"指的是_____。

2. 结合【甲】【乙】选文谈谈，分别表现了这些知识分子的什么特点？

（四）

　　①柔嘉不愿意姑母来把事闹大，但瞧丈夫这样退却，鄙薄得不复伤心，嘶声说："你是个懦夫！懦夫！懦夫！我再不要看见你这个懦夫！"每个字像鞭子打一下，要鞭出她丈夫的胆气来，她还嫌不够狠，顺手抓起桌上一个象牙梳子尽力扔他。鸿渐正回头要回答，躲闪不及，梳子重重地把左颧打个正着，迸到地板上，折为两段。

　　②鸿渐惊骇她会这样毒手，看她扶桌僵立，泪渍的脸像死灰，两眼全红，鼻孔翕开，嘴咽唾沫，又可怜又可怕，同时听下面脚步声上楼，不计较了，只说："你狠，啊！你闹得你家里人知道不够，还要闹得邻舍全知道，这时候房东家已经听见了。你新学会泼辣不要面子，我还想做人，倒要面子的。"走近门大声说："我出去了！"慢慢地转门钮，让门外偷听的人得讯走开然后出去。柔嘉眼睁睁看他出了房，瘫倒在沙发里，扶头痛哭。

　　③鸿渐走出门，神经麻木，不感觉冷，意识里只有左颊在发烫。头脑里，情思弥漫纷乱像个北风飘雪片的天空。他信脚走着，彻夜不睡的路灯把他的影子一盏盏彼此递交。他仿佛另外有一个自己在说："完了！完了！"散杂的心思立刻一撮似的集中，开始觉得伤心。左颊忽然星星作痛。同时感到周身疲乏，肚子饥饿。鸿渐本能地伸手进口袋，想等个叫卖的小贩，买个面包，恍然记起身上没

有钱。他无处可去，想还是回家睡。他看表上十点已过，不清楚自己什么时候出来的，也许她早走了。

④他一进门，房东太太听见声音，赶来说："方先生，是你！你家少奶奶不舒服，带了李妈到陆家去了，今天不回来了。这是你房门的钥匙，留下来交给你的。你明天早饭到我家来吃。"鸿渐心直沉下去，捞不起来，机械地接钥匙，道声谢。房东太太像还有话说，他三脚两步逃上楼。

⑤开了卧室的门，拨亮电灯，破杯子跟断梳子仍在原处，成堆的箱子少了一只。他呆呆地站着，身心迟钝得发不出急，生不出气。柔嘉走了，可是这房里还留下她的怒容、她的哭声、她的说话，在空气里没有消失。他望见桌上一张片子，走近一看，是陆太太的。忽然怒起，撕为粉碎，狠声道："好，你倒自由得很，撇下我就走！滚你的蛋，替我滚，你们全替我滚！"这简短一怒把余劲都使尽了，软弱得要傻哭个不歇。和衣倒在床上，觉得房屋旋转，想不得了，万万生不得病！明天要去找那位经理，说妥了再筹旅费，旧历年可以在重庆过。心里又生希望，像湿柴虽点不着火，而开始冒烟，似乎一切会有办法。

⑥不知不觉中黑地昏天合拢、裹紧，像灭尽灯火的夜，他睡着了。最初睡得脆薄，饥饿像锬子要锬破他的昏迷，他潜意识挡住它。渐渐这锬子松了、钝了，他的睡也坚实得锬不破了，没有梦，没有感觉，人生最原始的睡，同时也是死的样品。

⑦那只祖传的老钟从容自在地打起来，仿佛积蓄了半天的时间，等夜深人静，搬出来一一细数："当、当、当、当、当、当"响了六下。六点钟是五个钟头以前，那时候鸿渐在回家的路上走，蓄心要待柔嘉好，劝她别再为昨天的事弄得夫妇不欢；那时候，柔嘉在家里等鸿渐回来吃晚饭，希望他会跟姑母和好，到她厂里做事。这个时间落伍的计时机无意中包含对人生的讽刺和感伤，深于一切语言、一切啼笑。（选自长篇小说《围城》，有删改）

1. 选文中所描写的方鸿渐具有哪些性格特征？请简要概括。

_____

2. 妙用比喻是钱钟书的写作特色，请赏析③中画线的句子。

_____

3. 请简要概括方鸿渐进卧室之后情绪变化的过程。这样写有什么意义？

_____

4. 结合选文，说说导致方鸿渐和孙柔嘉分开的原因有哪些？

_____

5. 请探究作品结尾画线句的意蕴。

_____

参考答案

一、选择题

1. D 2. D 3. D 4. A 5. C（解析：他们一起在三闾大学教过书）

6. D 7. A 8. C（解析：唐小姐认为方鸿渐能与她和好，但方鸿渐内心极其悲伤，离开了唐小姐。）

9. B（解析：A. 苏小姐最后和曹元朗结婚；C. 选项应该是在德国见到的一首民歌；D. 方鸿渐觉得曹元朗写的诗很差劲。）

10. B 11. A 12. B 13. A 14. D（解析：这里描写的是孙小姐。）

15. A 16. D

二、判断题

1. √ 2. ×（解析：是苏小姐。）

3. ×（解析：从一个爱尔兰人手中买的。） 4. √ 5. √ 6. ×（解析：不是桂林，是香港。） 7. √

8. ×（解析：苏文纨嫁给了曹元朗。） 9. √ 10. ×（解析：聘方为副教授。）

三、填空题

1. 知识分子 新《儒林外史》

2. "鸟笼" "城堡" "围城"

3. 钱钟书 "三才子"
《人鬼兽》 《写在人生边上》

4. 幽默 讽刺 方鸿渐

5. 方鸿渐 周淑英 欧洲
爱尔兰 假博士

6. 方鸿渐 赵辛楣 苏文纨 孙柔嘉
李梅亭 韩学愈

7. 高松年 讲师 副教授

8. 褚慎明 苏文纨 法 城堡

四、简答题

1. ①小说开头那条船是一人生围城。方鸿渐在国外钱财用尽，很希望能登船早日回国，从容找事。但上了船，经历了鲍小姐诱惑，享受了苏文纨的洗手帕、补袜子、缝纽扣等关切，他开始害怕，希望可以早点下船，摆脱这种烦恼。②三闾大学是方鸿渐的事业围城。因为在上海失恋失业，方鸿渐迫切希望去三闾大学，换个环境。可是走进三闾大学，就走进了人事纷争的围城，因未出示学位证而被高松年算计降为副教授，韩学愈暗中派学生说他的坏话，最后忍无可忍想辞职退聘时却先收到了学校的解聘书。③方鸿渐对孙柔嘉谈不上喜欢或不喜欢，但孙柔嘉在船上的天真发问，领他过桥，都引发方鸿渐对她的注意和怜爱。在三闾大学，孙柔嘉又对他事事依赖，使他一步步陷入了她的爱情围城。但订婚后，方鸿渐发现柔嘉很有主见，事事对他限制，两人不断因琐事争吵，又想从中抽身。④美国克莱登大学的博士学位是他的文凭围城。为了给家父和岳父周经理一个交代，方鸿渐颇费周折从一个爱尔兰骗子手中买得这个学位。但是回国后，这个学位却屡屡惹麻烦，被唐晓芙嘲笑，被高松年算计，被韩学愈陷害，这个学位他承认也不是否认也不是。

2. 示例一：赵辛楣背着无辜的罪名愤然离校出走后，方鸿渐也不想在三闾大学待下去了，自己筹划着退掉高松年的聘书，并在信中痛痛快快地批评校政一下，借此发泄了一年来的气愤。谁知他并未接到聘书，孙柔嘉倒是有聘约的，连薪水也升了一级。孙柔嘉退掉聘书与方鸿渐一同离开三闾大学。

示例二：汪处厚出于私利为赵辛楣和方鸿渐作媒，并请他们来家里吃饭。两人推脱不得，只得去了。可一看到介绍给他们的是范懿和刘小姐，心里失望得要笑。这次介绍，虽然两位小姐皆有意，但都没有成功。赵辛楣倒喜欢上了汪太太。

示例三：当晚七时半，李梅亭跟学生代表一进会场，便觉空气两样，听得同事和学生一两声叫"汪主任"，已经又疑又慌。汪处厚见了他，热情地双手握着他的手，好半天搓摩不放，似怨似慕地说："李先生，你真害我们等死了，我们天天在望你，知道有你先生，我真高兴，我想这系办得好了——"李梅亭一篇主任口气的训话闷在心里讲不出口，忍住气，搭讪了几句，喝了杯茶，只推头痛，早退席了。（第六章）

示例四：在汪家晚宴上，方鸿渐听范懿说陆子潇追求孙柔嘉并给孙柔嘉写了好多信。方鸿渐对孙柔嘉虽然还只是朦朦胧胧有些好感，却起了妒意。当孙柔嘉就此事向方鸿渐请教处理办法时，方鸿渐故意建议孙柔嘉将陆子潇的情书，不加任何答复地全部送还。失去了朋友的方鸿渐与孙柔嘉愈靠愈近。孙柔嘉顺水推舟终于与方鸿渐订婚。（第七章）

示例五：方鸿渐所在的报馆决定屈服于日本人改变其编辑方针，他没有首先征得妻子同意的情况下，加入了编辑人员的集体辞职。柔嘉得知此事，十分生气，但随后建议鸿渐为她的买办姑母工作，鸿渐鼓起最后一丝正气，断然加以拒绝。最后两人发生不可避免的争吵，争吵后柔嘉去她姑母的住处，鸿渐回到空寂的房间睡觉。（第九章）

3. ①方鸿渐是《围城》的主人公，作品重点写了他和四位女性的情感瓜葛，以及他从上海转至内地三间大学任教的遭遇、人事矛盾。他的性格特征是：既善良又迂执，既正直又软弱，既不谙世事又玩世不恭。方鸿渐的思想性格，反映了当时一部分知识分子的精神面貌，他的遭遇，也正是当时一部分较正直的知识分子的遭遇和困厄。

②方鸿渐是一个受西学影响但又缺乏独立人格的知识分子。他风光旅欧留学，最后却花钱买了张假博士文凭，回到上海后，爱情上几经悲欢离合，又失业无着落，只好到三间大学去任教。然而那里也是一片乌烟瘴气，他在学校内部的争斗与倾轧中到处碰壁，最后被解聘。返回上海后，他糊里糊涂地娶了孙柔嘉，又因参与报社集体辞职，和孙柔嘉发生严重争吵并分手。

4. 苏文纨和赵辛楣青梅竹马，赵对苏痴心一片，但苏不爱赵辛楣也不想嫁给他。苏文纨喜欢方鸿渐，但方鸿渐喜欢苏的表妹唐晓芙，唐亦垂青于方。后来方鸿渐终于鼓起勇气拒绝了苏文纨，却被苏挑拨离间失去了唐晓芙。苏文纨下嫁曹元朗后，赵辛楣和方鸿渐两个失意之人一起离开了上海。

5. 例一：方鸿渐受到两面夹攻，才知道留学文凭的重要。这一张文凭，仿佛有亚当、夏娃下身那片树叶的功用，可以遮羞包丑；小小一方纸能把一个人的空疏、寡陋、愚笨都掩盖起来。自己没有文凭，好像精神上赤条条的，没有包裹。

例二：鸿渐没法推避，回脸吻她。这吻的分量很轻，范围很小，只仿佛清朝官场端茶送客时的把嘴唇抹一抹茶碗边，或者从前西洋法庭见证人宣誓时的把嘴唇碰一碰《圣经》，至多像那些信女们吻西藏活佛或罗马教皇的大脚趾，一种敬而远之的亲近。

例三：性感风流的鲍小姐在男学生眼里，那些男生看得心头，口角流水，背着鲍小姐说笑个不停。有人叫她"熟食铺子"，因为只有熟食店会把那许多颜色暖热的肉公开陈列；又有人叫她"真理"，因为据说"真理是赤裸裸的"。鲍小姐并未一丝不挂，所以他们修正为"局部的真理"。

6. 孙柔嘉外表虽然没有苏文纨、唐晓芙漂亮，却是一个外表天真柔弱，骨子里却非常精明厉害的女人。她不但很有主见，也颇有手腕。在她不动声色、步步为营的"逼迫"下，方鸿渐终于跌入她所设置的婚姻"围城"。

孙柔嘉是较有心计的女性。她唯一的缺点在于把婚姻当作事业来经营，但这也无可厚非。她生长在一个重男轻女的家庭，不被重视的结果让她懂得自己去争取喜爱的事物。对一个她还算倾心的男人，女人耍点小心机不足为怪，实际上，有心机的女孩多半是聪明的女孩。方鸿渐相当需要一个像孙柔嘉这样外柔内刚，颇有主见的内助来克服他自身遇事彷徨患得患失的毛病。可是，他们的婚姻掺入了太多旁人的因素：与方鸿渐相连的是一个没落的乡绅家庭——号称开明却并不理解儿子的父亲和唯唯诺诺的母亲及虎视眈眈妒忌心重的弟弟弟媳，这样的家庭当然让孙柔嘉受不了；与孙柔嘉相连的则是洋味十足的姑母家，姑母把自己的先生管得服服帖帖还不够，也怂恿孙柔嘉管制方鸿渐。姑母的居高临下同样令方鸿渐无法消受，于是矛盾就产生了。总之，孙柔嘉虽有心计，还不失可爱，她是万千平凡女子中的一员。

五、阅读选文完成练习

（一）

1.《围城》 方鸿渐 苏文纨 赵辛楣

2. 苏文纨自作多情、矜持自负。在爱情上，她极力挑动赵、方二人"斗法比武"，抢自己，造成有很多人追求自己的假象，以此自鸣得意，其实是玩世不恭的行为下隐藏着虚荣和骄傲。

（二）

1. 唐晓芙　孙柔嘉

2. A：唐晓芙，集妩媚、端正、青春、自然美于一身的小家碧玉的女孩子，从"摩登文明社会里那桩罕物——一个真正的女孩子"，可以看出作者对她的喜爱之情。

   B：孙柔嘉，"长圆脸，旧象牙色的颧颊上微有雀斑，两眼分得太开，使她常常着惊异的表情"可见，长相普通；"打扮甚为素净"，说明朴素；"怕生得一句话也不敢讲"，说明涉世不深，宛若初出茅庐的小姑娘。

（三）

1. 《围城》　钱钟书　三闾　方鸿渐

2. 【甲】教授们谈起往日的荣光时，故意夸大或者无中生有，表现出十足的虚荣心。【乙】主人公方鸿渐被解聘后，连平日很疏远的同事也来忽然拜访，来探口气，但精神和说话里包含的惋惜，总像圣诞老人放在袜子里的礼物，送了才肯走，表现出这些知识分子的酸、虚伪、做作和假慈悲。

（四）

1. 选文中方鸿渐的性格特征主要表现在家庭生活上：一方面，他希望过真诚愉快自由的家庭生活；一方面，他又软弱无能，摆脱不开旧家庭和社会生活的压力；既懦弱退让又死爱面子，易变而又盲目自信。

2. 以雪片的纷飞，形象地描绘了方鸿渐心绪的繁杂凌乱，暗示了家庭矛盾的复杂错乱；也用雪天的寒冷，写出了他内心的凄冷和痛苦。

3. 情绪变化过程：失望苦恼、愤怒狂躁、沮丧无奈、萌生希望。意义：表现了方鸿渐易变盲动的性格特征，也交代了小说的结局——婚姻的解体。

4. 是内外因导致的结果：内因——方孙二人之间彼此的不宽容；外因——双方家庭的参与。

5. 晚点的时钟富有象征意义：形象地讽刺了方鸿渐生活在新的时代却有着落伍的家庭观念；它既是主人公所处环境的组成部分，也表达了作者对二人婚姻解体的感伤和同情；暗示了对人生困局的无奈。

阅读记录单

学校：   班级：   姓名：

第一类接触：
读完这部小说，你一共经历了多少天？
在阅读过程中你与哪些同学或其他人谈论过这部小说？
你能说出你印象最深的一个场景或故事吗？例如"方鸿渐回国后在家乡演讲"的场面。
你能说出你印象最深的句子吗？例如："婚姻是一座围城，城外的人想进去，城里的人想出来。"
请至少就作品中的四个人物，分别用两三句话进行描述。说出作品中你印象最深的一个人物的名字，说说你对他或她的事例或对他（她）的评价。……
第二类接触：
读完这部小说之后，你有什么收获或者启发呢？
请你对小说中的某个人物说说你最想说的话。
读完这本书，接下来你还想读哪部作品呢？请把书名写出来。……

语文教师（签名）： _____

温馨提示：

读书有三到，谓心到，眼到，口到。——朱熹

聪明在于勤奋，天才在于积累。——华罗庚

处处是创造之地，天天是创造之时，人人是创造之人。——陶行知

编 者 小 启

为了便于中学生更好地阅读名著，我们选用了一些专家、学者及学生的论文，我们尽力联系了授权，但仍有部分作者或著作权人没能联系上。望作者或著作权人见到本书后，及时联系我们，以便奉上样书，并付薄酬。

长江文艺出版社

2020 年 10 月

图书在版编目（ＣＩＰ）数据

围城引读 /湖北省教育科学研究院组织编写. -- 武汉：长江文艺出版社，2020.11
ISBN 978-7-5702-1859-2

Ⅰ．①围… Ⅱ．①湖…Ⅲ．①阅读课－初中－教学参考资料 Ⅳ．①G634.333

中国版本图书馆 CIP 数据核字(2020)第 197866 号

责任编辑：高田宏　　　　　　　责任校对：毛　娟
封面设计：徐慧芳　　　　　　　责任印制：邱　莉　杨　帆

出版　长江出版传媒　长江文艺出版社
地址：武汉市雄楚大街 268 号　　　邮编：430070
发行：长江文艺出版社
http://www.cjlap.com
印刷：武汉科源印刷设计有限公司

开本：880 毫米×1250 毫米　　1/32　印张：3.375　　插页：1 页
版次：2020 年 11 月第 1 版　　　2020 年 11 月第 1 次印刷
字数：62 千字

定价：18.00 元